Zu diesem Buch

Theo Fischer war über zwanzig Jahre lang selbständiger Management-Berater, bis er seinen Beruf aufgab und zu schreiben begann. Sein Buch «Wu wei – die Lebenskunst des Tao» (rororo 61980) wurde zu einem Bestseller wie auch «Lass dich vom Tao leben» (rororo 60699). Außerdem liegt von ihm vor: «Reife – der Schlüssel zum Glück» (rororo 19988).

Mehr Informationen über Theo Fischer finden sie unter www.tonundtao.de.

Theo Fischer

Yu wei

Die Kunst, sich das Leben schwer zu machen

Rowohlt Taschenbuch Verlag

3. Auflage September 2008

Originalausgabe
Veröffentlicht im Rowohlt Taschenbuch Verlag,
Reinbek bei Hamburg, Juni 2006

Umschlaggestaltung ZERO Werbeagentur, München
(Foto: Zefa/Masterfile/Gary Black)
Satz Proforma PostScript (InDesign)
bei Pinkuin Satz und Datentechnik, Berlin
Druck und Bindung Druckerei C. H. Beck, Nördlingen
Printed in Germany
ISBN 978 3 499 62137 6

Inhalt

Vorwort

Liebe Leserin, lieber Leser,

als ich mit dem neuen Buch schwanger ging und gelegentlich Freunden gegenüber den Titel erwähnte, löste dies regelmäßig die Reaktion aus: «Ah, so was wie *Anleitung zum Unglücklichsein*?» Nun, es wäre nicht schwierig, aus der langen Liste seltsamen menschlichen Verhaltens eine Anzahl Karikaturen herauszufiltern. Aber ich möchte mit dieser Arbeit mehr erreichen, als nur ein Leserpublikum zu erheitern, indem ich die Leute ironisch auf ihre Schwächen hinweise. *Yu wei, die Kunst, sich das Leben schwer zu machen* ist ein Buch über das Tao, und es ist ein spirituelles Buch, obgleich es an Ihre Vernunft und nicht an Ihren Glauben appelliert. Yu wei bedeutet wörtlich übersetzt in etwa «Willentliche Anstrengung» und ist das genaue Gegenteil von Wu wei, dem intelligenten Prinzip des Nichthandelns. Yu wei an einigen plausiblen Beispielen zu erklären ist bedeutend einfacher, als etwas zu beschreiben, das seinem Wesen nach gar nicht stattfindet. Das ist wie die Aufforderung zu erklären, was Gesundheit ist. Es funktioniert im Grunde dadurch, dass ich aufzähle, was sie nicht ist. Die Abwesenheit von Krankheit macht Gesundheit aus. So ähnlich verhält sich auch Wu wei zu Yu wei.

Yu wei steht für Stress, Beziehungskrisen, Geldnöte, Kopfkino und für die Jagd nach Glück, Schönheit, Erfolg und Ruhm um jeden Preis. Willentliche Anstrengung wird in unserer Gesellschaft allerdings eher als Tugend denn als Laster angesehen. Im Grunde fällt das meiste, was wir anstellen, während wir uns um materiellen oder geistigen Fortschritt oder auch nur um die Erhaltung des Status quo bemühen, unter dieses Prinzip. Der Werbeslogan auf den Buttons des bekannten Autoverleihers trifft den Kern von Yu wei am deutlichsten: «*We try harder*», was auf gut Deutsch «Wir strengen uns noch mehr an» bedeutet. Der Satz passt als Wahlspruch an die Wand jedes Arbeitsraums von der Vorstandsetage bis zur Hobbywerkstatt, und er würde in der Vergangenheitsform auch gut auf so manchen Grabstein passen.

Es soll laut einschlägiger Literatur im menschlichen Leben 49 dramatische Grundsituationen geben. Carl Gustav Jung leitete daraus mit Bezug auf das klassische Drama seine Archetypen ab, und er zählt glückliche Zustände ebenso dazu wie die unglücklichen, krisenhaften. Im Sinne von Yu wei ist bemerkenswert, dass wir zur Bewahrung glücklicher Situationen annähernd die gleichen Anstrengungen aufwenden wie im Kampf gegen das Unglück. Die Probleme, denen wir beizukommen suchen, haben an der Oberfläche den möglichen Grundsituationen entsprechend viele Gesichter, aber genau betrachtet nur einige wenige, dafür aber markante Wurzeln. *Wir halten unsere Sorgen und Nöte für die Ursachen unseres Unglücklichseins, aber unsere Probleme sind nicht die Ursachen – sie sind bereits Wirkungen von etwas anderem. Es sind die Auswirkungen einer Reihe fundamental falscher Grundannahmen über unsere Position im Universum, unsere Identität und unsere Chancen im Leben.* In den folgenden Kapiteln möchte ich die Hindernisse bloßlegen, die der Entfaltung einer Lebensweise im Geist des Tao im Weg stehen. Ich möchte ein paar Szenen ausleuchten und Ihre Aufmerksamkeit darauf richten, damit Sie von sich aus Antworten auf Fragen entdecken, wie zum Beispiel, weshalb das einfache, federleichte Prinzip des Nichthandelns aus Unkenntnis in Anstrengung ausartet und die Last, mit den alten Fehlern weiterzuleben, leichter scheint als der emotionale Aufwand für den Wandel. Von Chuang tzu sind uns viele Schriften überliefert, in denen er das menschliche Fehlverhalten und seine Abweichungen vom Weg des Tao anhand kleiner skurriler Geschichten und erfundener Dialoge entlarvte. Er stattete seine Helden und Gegenspieler mit Phantasienamen wie *Lückenbeißer, Keimwalter, Meister Blinkeblick, Sorglos, Gratewohl, Klarblick, Schwalbensohn* oder *Freigeber* aus. Ich werde in diesem Buch auf seinen Spuren wandeln und die zugegeben oft schwer verständlichen taoistischen Metaphern durch einige aus dem heutigen Leben gegriffene Geschichten oder Zwiegespräche verdeutlichen. In der alten chinesischen Literatur kommt Yu wei als Begriff nur in homöopathischen Dosen vor. Kein Mensch hielt es vor 2500 Jahren für nötig, dieses Umkehrprinzip von Wu wei in Gestalt von Geboten mit dem Anfang «Du sollst nicht» unters Volk zu bringen. Dafür war zu jener Zeit Konfuzius zuständig, der ausgiebig für kategorische Verhaltensregeln sorgte. Der Taoismus steht unserem westlichen Kulturkreis vielleicht darum so fern, weil er im Gegensatz zu seinen Religionen den Menschen mit keinem Gerüst von Vorschriften das selbständige, verantwortliche Denken abnimmt.

Um die Prinzipien des Nichthandelns zu verstehen, wissen wir heute nicht zu wenig – wir wissen zu viel, und zwar zu viel vom Verkehrten, Unnützen. Wir müssen lernen, in die Richtung zu segeln, wohin uns der Wind weht, statt verbissen unter Einsatz aller unserer Kräfte unverrückbaren Zielen entgegenzurudern. Ich werde von Ihnen in der Folge die Bereitschaft zur Selbstkritik und zum Nichtwissen einfordern, und in dem Maß, wie Sie sich von den alten Überzeugungen verabschieden, öffnen Sie sich dem Neuen, Unbekannten. Dieses Neue existiert in den ungenutzten Räumen Ihres Gehirns. Wenn dieses Gehirn seine krampfhaften Bemühungen um Lösungen aufgibt, wird das Tao aktiv. Dann ist Ihr Geist mit dem Tao identisch, und es setzt ein Strom positiver Ereignisse ein, die Sie selbst im Traum nicht für möglich gehalten hätten.

We try harder

Wie im Vorwort bereits erwähnt, drückt der zu seiner Zeit berühmte Werbespruch des Autoverleihers Avis in einem Satz all das aus, was die Menschen unseres Kulturkreises in den meisten Bereichen ihres Handelns vorantreibt. Ich möchte die Legende des Entstehens von «We try harder» als Anekdote an den Anfang dieser Arbeit stellen, weil in ihr die grundsätzliche Geisteshaltung bloßgelegt wird, mit der wir im Beruf ebenso wie in Liebesdingen und der Gestaltung unserer Freizeit operieren. Ich hatte in jenen Jahren selbst mittelbar mit Werbung zu tun, und ich erinnere mich, dass damals die Inhaber und Abteilungsleiter der Werbeagenturen ihren Teams die Anzeigen mit dem «We try harder»-Button vor die Nase hielten mit der bissigen Bemerkung, dies sei Kreativität und man möge sich ein Beispiel daran nehmen – insbesondere auch an der Aufforderung, sich gefälligst in Zukunft mehr anzustrengen.

Das aus Textern und Graphikern bestehende Team der Werbeagentur aus New Yorks Madison Avenue ist zusammen mit dem leitenden Creative Director übers Wochenende zu einer Hütte im Skiparadies Aspen gezogen, um dort in Klausur einen packenden Slogan für den bedeutenden Autovermieter zu suchen. Es geht um dessen Millionenetat, und alle Frauen und Männer des Teams stehen unter Stress, denn an diesem Werbeetat hängt auch der Fortbestand ihrer Jobs und das finanzielle Überleben der Agentur, in der die meisten von ihnen als Teilhaber ihr ganzes Vermögen investiert haben. Der emotionale Druck, unter dem jeder steht, ist ein Ansporn, die letzten Reserven zu mobilisieren, aber zugleich auch leider ein wirksames Mittel, alle Kreativität zu ersticken. Der Freitagabend verstreicht ergebnislos, ebenso der ganze Samstag. Spaziergänge im Schnee können die verkrampfte Atmosphäre nicht auflockern. Vor dem Schlafengehen sagt McCulloch, der Chef: «Morgen ist der letzte Tag und wohl unsere letzte Chance für unser Überleben. Strengt euch darum noch mehr an. Werft euer Herz über den Abgrund und springt hinterher.»

Benjamin, der jüngste Texter, kein Gesellschafter und erst ein paar Wochen dabei, grübelt vor dem Einschlafen weiter und murmelt die Forderung des Chefs, sich noch mehr anzustrengen, müde vor sich hin. Auch seine Stellung steht auf dem Spiel, und es scheint, als ob sie alle verlieren würden. Benjamin beschließt aufzugeben. Er kann nicht mehr. Während er erschöpft die Augen schließt und darauf wartet, dass der Schlaf ihn für einige Stunden von seinem Kummer erlöst, murmelt er die Aufforderung des Chefs vor sich hin. Und reißt die Augen auf, plötzlich hellwach. Wiederholt den Satz, formuliert ihn neu. Knapper, wirksamer. *Wir strengen uns noch mehr an.* Wäre das nicht die Werbebotschaft für ihren Auftraggeber? Er will schon aus dem Bett springen und den Chef wecken, als er sich seiner schwachen Position im Team bewusst wird. Was ich zu sagen habe, gilt bei denen doch nichts, denkt er deprimiert und legt sich endgültig schlafen. Am Sonntag früh stehen etliche Kannen Kaffee auf dem Tisch, um die Geister anzuregen. Die Gesichter der Beteiligten sind grau von Müdigkeit, den meisten sieht man die harte, durchgrübelte Nacht an, die sie aus Sorge um ihre Existenz beinahe schlaflos verbracht haben. Beim Brainstorming werden ein paar nicht besonders originelle Texte vorgetragen, die man ähnlich schon vom Samstag her kennt. McCulloch lehnt barsch und verzweifelnd ab, was auf den Tisch kommt. Soll ich mich auch anschießen lassen, denkt Benjamin, oder behalte ich meine Idee besser für mich? Als sich minutenlanges betretenes Schweigen über die 16 Frauen und Männer des Teams senkt, hebt er wie einst in der Schule die Hand. «Ich hätte da eine Idee, aber wahrscheinlich taugt sie so wenig wie die anderen», sagt er vorsichtig.

«Raus damit», fordert McCulloch, «bei dem vielen Mist kommt es auf ein bisschen mehr auch nicht an. Reden Sie, Benjamin.»

«Ich würde als Headline und Copyplatform das nehmen, was Sie, Chef, gestern vor dem Schlafengehen zu uns gesagt haben: «We try harder.»

Auf die Wirkung dieses Satzes war Benjamin nicht gefasst. Wie ein Mann erhob sich das Team und klatschte Beifall. Bravorufe ertönten, und eine junge Texterin rief nach Champagner. Die gramgeprägte Miene McCullochs verschwand, und er sah zehn Jahre jünger aus. Er schlug Benjamin so heftig auf die Schulter, dass er auf seinen Sitz zurücksank.

«Das muss mein Unterbewusstsein gewesen sein, das mich gestern den rettenden Satz sagen ließ.» McCulloch versucht bereits, die Lorbeeren an sich zu reißen. «Unsere Kunden ringen um jeden Dollar. Wir werden ihnen sagen, dass wir uns die Beine für sie ausreißen, dass unser Service ihre Anstrengungen übertrifft.» Im Geist sieht er sich bereits an Bord der Segelyacht, die er nun finanzieren kann. Jemand schlägt vor, den Slogan als Button zu produzieren, und der Chef stimmt euphorisch zu. Er hätte auch zugestimmt, mit dem Text eine Kuh zu bemalen. «Nun brauchen wir nur noch ein paar schlechtere Texte für den Werbeleiter des Kunden, die er ablehnen kann. Ihr wisst ja, der Bursche nimmt nie den ersten Vorschlag an.»

Was in dieser erfundenen, aber lebensnahen Geschichte passiert, widerfährt uns tagtäglich in unseren normalen Verrichtungen. Wie oft versagt unsere Intuition, und wie oft verlieren wir unsere Instinktsicherheit, weil wir von Kindheit an mehr oder weniger auf Leistung getrimmt worden sind. Ein Mensch, der den Weg des geringsten Widerstandes einschlägt, gilt bei uns nicht etwa als intelligent – man wirft ihm Willensschwäche vor, Bequemlichkeit, und die Volksmeinung räumt ihm nur geringe Chancen für ein erfolgreiches Leben ein. Ich will versuchen, ob es mir gelingt, Ihnen den Blick auf ein Dasein zu öffnen, das sich zu leben lohnt, in dem die mentale Instanz in Ihnen, die Sie andauernd bewusst oder unbewusst zu Kraftakten anfeuert, vollständig zum Schweigen kommt. Ohne dass Sie dadurch Ihre Identität und Ihre Originalität einbüßen würden. Manche der in Beispiele verkleideten Empfehlungen erscheinen wenig kraftvoll. Aber sie werden sich in mächtige Urgewalten verwandeln, sobald Sie sich von Ihren Überzeugungen verabschieden, die vielleicht jetzt, beim Beginn der Lektüre, noch vorhanden sind. In der Geschichte oben wurde die Wende nicht durch den Einsatz von einem Dutzend Brechstangen erzielt – sie geschah, als der kleine, unbedeutende Texter Benjamin aufgegeben hatte.

–

Ich hatte beim Entwurf dieses Buches die Wahl, ob ich Ihnen das Tao geheimnisvoll verschlüsselt nahe bringe, in einer Sprache, der so viel Poesie innewohnt, dass die Lektüre Wohlbehagen und eine gewisse Ruhe in Ihnen auslöst. Oder ob ich auf Texte – vielleicht gar nicht so leichten Herzens – verzichte, die von taoistischen Metaphern förmlich überfließen. Und stattdessen für Unruhe sorge, Sie aufzurütteln versuche, Sie wie in einem Spiegel Fehler sehen lasse, die für die Konflikte in Ihrem Leben verantwortlich sind. Es gilt zu begreifen, dass unser Intellekt mit seinen überholten Methoden der Analyse und seinen kalkulierten Wahrscheinlichkeiten den Herausforderungen unserer Zeit nicht mehr gewachsen ist und unausweichlich Fehler begeht. Fehler von einer Tragweite, durch die viele Menschen aus schierer Unkenntnis kontinuierlich ihr Lebensglück ruinieren. Was Ihnen in der Vergangenheit unter Umständen passierte, gleicht einer Schachpartie: Ein falscher Zug ist meist reparabel, ein zweiter Fehler braucht bereits alles Können, um die Partie noch zu retten, und ein dritter dürfte bei gleich starken Gegnern unweigerlich zum Verlust führen. Die Entlarvung der kontraproduktiven Mechanismen von Yu wei und die Erkenntnis, wie katastrophal sie sich auf unseren Glückshaushalt auswirken, ist der erste Schritt hin zu einem Wandel. Es ist kein unabwendbares Schicksal, dass wir uns das Leben so schwer machen müssen, es mit Sorgen und Ängsten voll packen. Einer der Kernsätze, der Wu wei, das Gegenteil von Yu wei, charakterisiert, besagt, dass alle Dinge in diesem Universum in Beziehung zueinander stehen und Harmonie sich dann einstellt, wenn jedes Ding sich in Übereinstimmung mit allen anderen verwirklichen kann. Ich gebe zu, das klingt ziemlich abstrakt. Dabei passiert uns sein Gegenteil, nämlich dass die Dinge *nicht* mit unseren Wünschen harmonieren, manchmal jeden Tag. Wenn Sie den Beschluss fassen, einen lange projektierten Plan endlich in die Tat umzusetzen, haben Sie gewiss vorher alle Ihnen zugänglichen Informationen analysiert und Quellen genutzt, die Ihr Vorhaben betreffen. Und dann schreiten Sie zur Tat. Sie wissen inzwischen eine Menge über Ihre Chancen, nur auf *eines* haben Sie keinen Einfluss: ob die Umwelt auf Ihren Plan so reagiert, wie Sie es kalkuliert haben. Das Harmonieren Ihrer Pläne mit den Bewegungen der Außenwelt ist letztlich der entscheidende Faktor, ob Sie scheitern oder Erfolg haben werden. Nichtsdestoweniger ist die Feststellung, dass Harmonie dann bei uns einzieht, wenn wir mit dem Lauf der Dinge übereinstimmen, ein Satz, mit dem kein Mensch etwas anfangen kann, wenn er für sich allein steht. Allein ihn zu erklären verlangt bereits einen Abriss über die ganze taoistische Philosophie, es spielen Faktoren wie die Einheit der Dinge und die Identität unseres Geistes mit dem Tao hinein, deren Existenz eine Sache des Glaubens bleibt, wenn kein unmittelbarer Bezug zu den Problemen unseres Alltags hergestellt wird. – Und gerade das habe ich mir für dieses Buch vorgenommen.

Die Kunst, sich das Leben schwer zu machen (weil die falschen Signale gesetzt sind und man Anstrengung unbedingt für die Basis allen Erfolges hält, wird es tatsächlich für eine Kunst gehalten), lernt man in unserer Gesellschaft beinahe schon im Kindergarten. Von der Schule erst gar nicht zu reden, wo man kultusministerlich das Wettbewerbsprinzip vorschreibt und angesichts von Pisa für unerlässlich hält. Einer gegen alle anderen, das Wort Konkurrenz wird überdimensional groß geschrieben und hängt unsichtbar an der Wand jedes Klassenzimmers. «We try harder» wird spätestens in der Oberstufe zur Pflicht, der Leistungsdruck dominiert, und Gefühle haben in diesem Rennen keinen Platz. Signifikant für die Geisteshaltung ist eine makabre Geschichte, die ich sinngemäß aus einer alten Ausgabe des *Spiegel* wiedergebe: Zwei kanadische Jungen streunten durch den Wald, als sich ihnen ein Grizzlybär näherte. Der eine kniete nieder und schnürte seine Joggingschuhe fester. Da sagte der andere: «Ja, glaubst du, jetzt wärst du schneller als der Bär?» – «Nein, das nicht», lautete die Antwort des Angesprochenen, «aber schneller als du.»

Später im Berufsleben setzt sich die Anstrengung fort. Vierzig Jahre lang wöchentlich etwa vierzig Stunden Arbeit, bei Selbständigen oft das Anderthalbfache, nur unterbrochen von wenigen Wochen Urlaub und einer Freizeit, die das Angebundensein kompensieren soll und oft selbst zum Stress wird. Ehrgeizige Pläne für mehr Geld, mehr Erfolg, mehr Ansehen, mehr Statussymbole fordern naturgemäß auch mehr Leistung. Die Messlatte liegt in unserer Gesellschaft sehr hoch. Im Sport versinken Sie in der großen Masse der Amateure, wenn Sie keine Spitzenwerte erzielen. Es gibt immer mehr Extremsportarten zur Befriedigung des Ehrgeizes. Beim einst solitären Marathonlauf nehmen heute Menschenmassen teil, ungeachtet des Umstandes, dass nicht selten jemand am Ziel oder schon vorher tot zusammenbricht. Iron-Man, tollkühne Darbietungen mit dem Skateboard, dem Snowboard oder auf dem Wasser, Motorradakrobatik, Drachen- oder Gleitschirmfliegen, Touren zum Mount Everest und was es sonst noch an Herausforderungen an das menschliche Leistungsvermögen gibt. Glauben Sie im Ernst, dass jemand, der sich derart strapaziert, damit glücklich wird? Wer die Spitze verfehlt, leidet darunter, und wer sie erreicht, fürchtet, überrundet zu werden und sie wieder zu verlieren. Die Menschen unserer Zeit beziehen wesentliche Anteile ihrer Identität aus dem, was sie leisten oder was sie besitzen – was sekundär wieder auf Leistung zurückführt. Und im Risiko des Versagens steckt der Wurm des Leidens durch partiellen oder kompletten Identitätsverlust. Ist das Ihr Leben? Oder wandeln Sie auf den Spuren der Sinnsucher? Sind Sie zum Nachfolger von Vorbildern geworden, die Ihnen sagen, was Sie tun sollen? Haben Sie Ihre bescheidene Freiheit für ein wenig trügerische Sicherheit aufgegeben?

Damit wir uns nicht missverstehen: Ich bin keineswegs ein Gegner sportlicher Aktivitäten, soweit sie einigermaßen mit Vernunft betrieben werden, ich gönne jedem sein Glück, wenn er es darin findet. Auch hege ich keine moralinsaure Abneigung gegen ihre Auswüchse, weil die Trauben für mich zu hoch hängen. Es ist nur schade, dass die Jagd nach Befriedigung, die für Glück gehalten wird, so sinnlos aufwendig geschieht. Der herrschende Zeitgeist ist vom Tao so weit entfernt wie die Erde von der Sonne. Dennoch ist es möglich, dem Geist des Tao in der Gegenwart Ihres Alltags zu begegnen – es gibt keinen anderen Raum, in dem Sie ihn finden können, er wird in keiner Kathedrale gepredigt, und kein Meister spendet Ihnen seinen Segen dazu. Sie werden voll und ganz auf sich gestellt sein, falls ich

Sie dazu verlocken kann, versuchsweise eine kleine Strecke diesen Weg zu gehen.

Sie finden leicht ohne jede Analyse heraus, wie zufrieden, glücklich oder unglücklich Sie zum Beispiel mit Ihrem beruflichen Status sind. Warten Sie den nächsten Sonntagabend ab, die Viertelstunde vor dem Einschlafen. Denken Sie an die Aufgaben der kommenden Woche und lauschen Sie in sich hinein, welche Gefühle Ihre Gedanken in Ihnen auslösen. Die Wahrscheinlichkeit ist nicht eben klein, dass Sie beim Lesen dieser Anregung bitter auflachen und bemerken, da bräuchten Sie nicht erst den Sonntagabend abzuwarten, um sicher zu sein, wie sehr Ihnen zuwider ist, was Sie Tag für Tag tun müssen. Oder Sie haben inzwischen einen Standpunkt erreicht, wo es Ihnen völlig egal ist, was Ihr Job Ihnen bedeutet, und jede Überlegung sich erübrigt. Oder noch anders: Sie lachen ebenfalls verbittert, weil Sie jede Art von Unbehagen akzeptieren würden, wenn Sie nur endlich wieder eine Arbeit hätten. Den zum Glück gar nicht so seltenen Fall zum Schluss: Ihnen wird schlagartig klar, Sie sind erfüllt und zufrieden mit Ihrem Beruf und wünschen sich nichts weniger als eine Veränderung. Wobei so manche Leserin, mancher Leser an dieser Stelle vielleicht in Gedanken ergänzt: Vorausgesetzt, die Amerikaner übernehmen den Betrieb nicht und schlachten ihn personell aus. Sie sehen es selbst: Irgendwo gibt es immer Wolken am Horizont unseres Wohlbefindens. Beim Freiberufler oder bei jemand mit einer eigenen Firma verhält es sich ähnlich. Die Probleme sind zu vielschichtig, um sie hier nur aus Spaß am Schreiben aufzuzählen, ich nenne darum nur diese drei: Auftragslage, Geldeingang und die Aktivitäten der Konkurrenz. Gut, das freie Unternehmertum genießt gegenüber Arbeitern und Angestellten gewisse Privilegien, was ihren Zeithaushalt betrifft, dafür sind die Probleme, mit denen sie sich auseinander zu setzen haben, auch bedeutend vielschichtiger. Falls Sie sich an dieser Stelle fragen, warum ich dies alles aufliste, wo es sich doch um Dinge handelt, die Sie bis zum Überdruss kennen, kommt hier die Antwort: Gewiss kennen Sie Ihre persönliche Situation natürlich am besten. – *Aber: Kennen Sie auch den Weg heraus aus Ihren Engpässen? Wissen Sie um Lösungen, die anders als «Streng dich noch mehr an» lauten?* Und die chronischen Krisen brauchen gar nicht beruflich zu sein. Sie können ebenso gut in Ihren Beziehungen stecken, in Ihrer Partnerschaft, in Problemen mit den Kindern, Unstimmigkeiten mit der Nachbarschaft, in Auseinandersetzungen mit Prozessgegnern oder dem Finanzamt und was der Möglichkeiten mehr sind. Noch einmal: Kennen Sie den Weg heraus aus den Krisen Ihres Lebens? Welche Patentrezepte haben Sie in der Vergangenheit bereits ausprobiert? Und wie viele davon haben funktioniert? Ich habe die oben niedergeschriebenen Befindlichkeiten nur darum aufgeführt, weil ihre Wirkungen ständig unsere Existenzängste auslösen und unseren Kampf, ihnen mit sinnloser Anstrengung beizukommen. Ich werde die Yu-wei-trächtigen Handlungsweisen an einigen Beispielen illustrieren. Das Hauptaugenmerk meiner folgenden Ausführungen gilt aber den Wurzeln der menschlichen Probleme und den Möglichkeiten ihrer Eliminierung.

Ehe ich dieses Kapitel beende, muss ich noch auf einen anderen Irrtum hinweisen. Unserem abendländisch-christlichen Denken bedeutet Polarität Konflikt, in dem das Licht mit der Finsternis kämpft, das Leben mit dem Tod und natürlich das Gute mit dem Bösen. Wir mögen das Angenehme, und wir wollen vor allen Dingen glücklich werden und es so lange wie möglich und ohne jede hässliche Unterbrechung bleiben. Die dunkle Seite der Polarität wünschen wir fern von uns, und dies ebenfalls auf Dauer. Wir wollen Freude ohne Leid, Reichtum ohne Armut und Gesundheit ohne Krankheit und begreifen nicht, dass das Positive wie das Negative Komponenten ein und desselben Systems sind und das Verschwinden des einen das ganze System zerstören würde. Manche Leute mögen Yin und Yang für ein japanisches Fischgericht halten, aber es handelt sich um die alten chinesischen Symbole für Polarität, auf der das taoistische Denken basiert. Die alten Chinesen verglichen die wechselnden Herausforderungen unseres Daseins mit den Zyklen des Mondes und verstanden sie als notwendig für unser Wohlergehen.

Als Kind hatte ich manchmal Momente, in denen ich argwöhnte, dem Erfinder dieses Lebens müsse irgendwo ein Fehler unterlaufen sein. Mich irritierte die Mischung aus Freude und Leid, Hoffnung und vor allem Enttäuschung, die im Wechsel auftraten, bei dem leider die negativen Inhalte nicht selten überwogen. Später im Erwachsenenalter häuften sich die einst eher vagen Empfindungen und wurden deutlicher. Mit erschreckender Klarheit wurde mir bewusst, wie launenhaft das Schicksal mit mir umsprang. Jedes Mal, wenn ich mich in einer Lebenssituation wohl zu fühlen begann, trat irgendein Störfaktor auf, der die Symmetrie des Friedens unterbrach und mich in die raue Wirklichkeit zurückholte. Überhaupt gewann ich zunehmend den Eindruck, dass mein Ringen um Wohlbefinden immer dann, wenn es mir gelungen war, einen einigermaßen erträglichen Zustand herzustellen, dadurch sabotiert wurde, dass mich diese Harmonie zu langweilen begann. Ich empfand dann meine angenehme Situation längst nicht mehr als so erstrebenswert wie vorher, wo sie mir als der Himmel auf Erden erschien. Frei nach dem Sprichwort «Wenn es dem Esel zu wohl wird, geht er aufs Eis tanzen» hielt ich Ausschau nach neuen Abenteuern, die mich für das entschwindende Glücksgefühl einer kontinuierlich bestehenden angenehmen Lebenslage entschädigen sollten. Weiser geworden, dämmerte mir nach und nach die Erkenntnis, dass ich den Kontrast zwischen Lust und Unlust brauchte, damit mein Lebensgefühl pulsierte. In der Begegnung mit dem Taoismus fand ich schließlich im Yin-und-Yang-Prinzip auch die Erklärung für das Auf und Ab, das unvermeidbar unser Leben zu begleiten scheint. Unsere psychische Struktur ist offenbar so angelegt, dass wir aus einem fortdauernd gleich bleibenden Zustand keine Gefühle mehr schöpfen können. Unser Geist stumpft in langen Phasen ungetrübten Wohlbefindens ebenso ab wie unter der Last nicht endender deprimierender Lebensumstände. Selbst der Höhenflug einer neuen brennenden Idee verliert an Energie, wenn er zu lange und zu heftig betrieben wird. Wir brauchen, um Perioden des Glücks auskosten zu können, den Kontrast dazu: Wir empfinden Gefühle der Lust nur dann intensiv, wenn sie im Wechsel mit Erfahrungen der Unlust stattfinden.

Ein schlagendes Beispiel, wie notwendig wir den Kontrast von Yin und Yang brauchen, finden Sie bei einem Blick auf Ihre bevorzugte Unterhaltungslektüre. Ist es nicht seltsam, dass Sie zur Erzeugung des Nervenkitzels beim Lesen oder auch beim Fernsehen genau jene Schattenseiten der Polarität, jene fiktiven Widrigkeiten brauchen, die Ihnen der Alltag ohnehin regelmäßig bis zum Überdruss beschert? Bücher und Filme, unsere Fluchthelfer vor der Realität, müssen Konfliktstoff enthalten, damit wir sie spannend finden. Ein Ratgeber für Romanautoren empfiehlt dringend, die handelnden Personen von Anfang an in Konflikte zu verwickeln und dafür zu sorgen, dass sie mit jedem Versuch, sich zu befreien, immer tiefer hineingeraten, und sie erst im finalen Kapitel aus ihren Schwierigkeiten zu entlassen. Nicht genug, dass uns manchmal emotional oder auch materiell das Wasser bis zum Hals steht – zur Entspannung brauchen wir den Kitzel, über die Medien den Kampf der Protagonisten ums Überleben mitzuerleben, um dann am Ende zu Zeugen vom Sieg des Guten über das Böse zu werden. Ein Autor oder Drehbuchschreiber, der sich gegen diese fundamentalen Bedürfnisse versündigt, hat keine Aussichten, publiziert zu werden. Ebenso würde die Abwesenheit von Yin und Yang unser Leben ärmer und monotoner machen, wir würden es wie einen Roman ohne Spannung empfinden – und so sicher wie das Amen in der Kirche auf Veränderung drängen.

Womit klar wäre, dass auch Glück erst dadurch fühlbar wird, dass es im Wechsel mit Zuständen des Nicht-Glücks auftritt. Der natürliche Lauf der Dinge sorgt wie Ebbe und Flut für diesen Wechsel. Geburt und Tod zählen zu den unvermeidbaren Bestandteilen unseres Lebens, und wir können nicht verhindern, dass geliebte Menschen von uns gehen oder sich von uns trennen. Mit diesen fundamentalen Tatbeständen wäre bereits die Symmetrie des Yin-und-Yang-Prinzips gegeben, weil sie alle Motive für Freude und Leid enthalten. Dem Auf und Ab des Schicksals können wir nicht entgehen, und wer die Bedeutung von Polarität versteht, wird dies auch nicht wollen. Unser Gefühlshaushalt bräuchte freilich zum Funktionieren nicht zusätzlich noch die vielfältigen Krisen und Konflikte, die uns, oft selbst verschuldet, heimsuchen. Doch zwischendurch zu Ihrer Beruhigung: Der Lauf der Dinge hält für den Menschen, der den Weg des Tao geht, zwar Gegensätze bereit, aber gewiss keine Szenarien, die an den biblischen Hiob erinnern, der Opfer einer Wette zwischen Gott und dem Teufel geworden sein soll, um seine Standhaftigkeit zu prüfen.

Wenn Sie das Prinzip von Yu wei verstehen, die alten Fehler vermeiden und sich dem Nichthandeln zuwenden, weil Sie wie ein Wissenschaftler mit sich selbst als Objekt eine Versuchsreihe gestartet und die Empfehlungen als wahr und echt erkannt haben, impliziert dies alles keine Garantie für fortgesetztes Gelingen. Nicht jedes Ihrer Vorhaben wird klappen, und nicht jede Ihrer Visionen wird Wirklichkeit werden. Es ist schwer zu verstehen, aber das größte Vergehen an unserem Wohlsein wäre die Gewissheit, dass sich in Zukunft alle unsere Wünsche erfüllten. Wir gerieten in einen Zustand, in dem unser Verlangen die Messlatte der inneren Befriedigung nach und nach so hoch hängen würde, dass das Angebot dieser Welt nicht mehr ausreichte, uns fröhlich und zufrieden zu stimmen. Dann bliebe, wie wir dies anschaulich aus den Medien und den Porträts führender Persönlichkeiten in den Geschichtsbüchern erfahren, nur noch das Verlangen nach Macht. Nach immer mehr Macht über immer größere Einflussbereiche. Bis am Ende nur noch die unerfüllbare Gier nach Allmacht übrig wäre, die unumkehrbar in den Wahnsinn führt. Im christlichen Glauben bedeuten nicht erhörte Gebete, dass Gott nein gesagt hat. Die Enttäuschten reden sich heraus und begründen ihren Misserfolg mit einem Akt göttlicher Weisheit, mit der Entscheidung einer höheren Macht, die einzig ihr Glück im Auge habe und besser als der Sterbliche Gefahren erkenne, die der Bittende in seiner Kurzsichtigkeit nicht genug berücksichtigt hatte. So spielt es sich beim Menschen des Tao nicht ab, weil von vornherein bekannt ist, dass das Tao keine Gebete erhört. Dennoch gerate ich bei Rückfragen, was denn dann der Taoismus an Lebenshilfe anzubieten habe, nicht in Verlegenheit. Weil der Urgrund allen Seins auf der einen Seite der unbekannte, unbewegte Beweger ist und bleibt, aber auf der anderen Seite sich seine

Magie auf alle Unternehmungen des *Wesenhaften Menschen*, wie Chuang tzu ihn nennt, schöpferisch auswirkt. So kann es zum Beispiel geschehen, dass eine Tür sich zu schließen beginnt und trotz gegenläufiger Bestrebungen immer weiter zugeht. Ein Taoist wird angesichts einer solchen Entwicklung nicht mit dem Kopf gegen die endgültig verschlossene Tür rennen, indem er etwa für ein Geschäft, dem die finanzielle Luft ausgeht, immer noch mehr Gelder von der Bank leiht und sie in eine verlorene Sache hineinpumpt. (Was genau dem Prinzip von Yu wei entspräche.) Er wird den Verlust abschreiben, ihn auf Konto Yin buchen und im Übrigen seine Sinne offen halten für den Moment, in dem eine neue Tür aufgeht. Er wird nicht in den Fehler verfallen, alle Wege zu ignorieren, die nicht ins alte Konzept passen, und nicht darauf beharren, Ähnliches bis Gleiches zurückzubekommen – er wird das Neue erwarten, ohne ihm vorzuschreiben, wie es seiner Meinung nach beschaffen zu sein hat.

Ein Gleichnis dafür, wie sich Polarität trotz scheinbarer Pannen am Ende positiv auswirkt, ist die Geschichte vom entlaufenen Hengst[1], die ich hier einfüge, weil sie den Punkt trifft und eventuellen Bedenken über die Effizienz des Nichthandelns vorbeugt: Da war ein Bauer, der nach den Prinzipien des Tao lebte. Eines Tages scheute sein einziges Pferd, ein Hengst, und galoppierte davon. Dabei warf er den auf ihm reitenden Sohn des Bauern ab, und der Junge brach sich ein Bein. Die Nachbarn kamen auf den Hof und beklagten den Verlust und die Verletzung. Der einzige Kommentar des Bauern war: «Man wird sehen.» Zu dieser Zeit durchkämmten die Rekrutierer des Kaisers das Land nach wehrfähigen jungen Männern. Sie entdeckten den Sohn, doch sein gebrochenes Bein rettete ihn davor, mitgeschleppt zu werden. Als die Nachbarn davon hörten, kamen sie und gratulierten, aber der Bauer sagte wieder nur: «Man wird sehen.» Einige Tage später kehrte der entlaufene Hengst auf den

1 Die Fabel wird Chuang tzu zugeschrieben, aber ich habe sie in keinem meiner Bücher über ihn gefunden. Deshalb ist sie auch nicht wortgetreu wiedergegeben, und es fehlt die Quellenangabe.

Hof zurück, mit einer Herde Stuten im Gefolge. Wieder eilten die Nachbarn herbei und frohlockten und lobten in höchsten Tönen die Glücksumstände. Der Bauer ließ sie jubeln. Sein einziger Kommentar zum Schluss lautete: «Man wird sehen.»

–

In einem Brief an mich bemerkt eine Leserin bedauernd, wie schade es doch sei, dass man sich so schwer in das Leben im Geiste des Tao hineinfinde, wenn dann Geldsorgen und Beziehungskrisen drücken. Ich antwortete ihr, dass genau solche Situationen bei vielen Leuten erst den Anstoß geben, sich über das Tao als Lebenshilfe Gedanken zu machen. Aus einer Position scheinbarer Sicherheit und friedlichen Gelingens heraus denkt ein Mensch selten daran, nach anderen geistigen Horizonten Ausschau zu halten. Wenn dann die Unwetter des Schicksals hereinbrechen, ist dies zwar spätestens der Punkt, an dem sich jemand neuen Gedanken zuwendet, aber es ist natürlich zugleich der ungünstigste Moment dafür. Zum Trost lässt sich allerdings wie in diesem Werbespruch für ein Haarwasser sagen: *Es ist nie zu früh und selten zu spät ...* Wer zu spät damit beginnt, sein Leben neu zu ordnen, hat eben keine andere Wahl, als dies unter dem Druck seiner Schwierigkeiten zu vollbringen. Menschen auf der Sinnsuche bilden nur scheinbar die Ausnahme. Sie mögen ohne äußere Not zum Tao finden, aber sie haben in der Regel einen steinigen Weg hinter sich, der von der Belastung her mindestens so schwerwiegend ist wie ein Geldproblem. Viele mussten auf dem spirituellen Weg auf die harte Art lernen, wie trügerisch und vermint viele der angebotenen Pfade zur Wahrheit sind. Ganz gleich, woher der emotionale Druck kommt – die Begegnung mit der Lehre vom Tao findet meist in einer geistigen Verfassung statt, der alle Leichtigkeit fehlt.

So wollen wir denn mit den Lektionen beginnen, die das Leben schreibt. Das größte Paradox, das Yu wei in seiner Heimtücke für Sie, die Sie sich für das Prinzip des Nichthandelns interessieren, bereithält, ist die Anstrengung, sich nicht anzustrengen!

Erleuchtung und die Folgen

Hinter Mirko tickte leise und monoton die Digitaluhr an der Wand. Er saß mit dem Rücken zur Uhr mit gekreuzten Beinen im Lotussitz auf einem kleinen Teppich, und er verließ sich auf sein Zeitgefühl, das ihm sagte, wann die Stunde der Schmerzen überstanden war. Es musste bald so weit sein, denn sein Rücken und die Kniegelenke fühlten sich taub an, der anfängliche Schmerz der Stellung war wie eine ferne Autobahn zum Hintergrundgeräusch geworden. Es hatte lange gebraucht, bis er die Beine nach der klassischen Manier zu überkreuzen vermochte, dass jeweils die Ferse des einen Fußes auf dem Schenkel des anderen Beines auflag. Es hatte beim Training für diese Sitzposition eine lange Unterbrechung gegeben, als er sich beim gewaltsamen Versuch die Sehne am linken Knie gezerrt hatte. Eine Freundin hatte ihn in der kleinen Zen-Gemeinde eingeführt, und er war geblieben, auch als seine Freundin die Zen-Leute samt ihm wieder verließ. Im Gegenteil: Die Meditationsübungen und die Konzentration, die er dafür aufwenden musste, halfen ihm über seinen Liebeskummer hinweg.

Während sein körperlicher Zustand ihm das Ende der täglichen Meditationsstunde signalisierte, versuchte Mirko festzustellen, was er in diesem Moment empfand. War er heute einem seiner Ziele näher gekommen, oder waren seine Übungen inzwischen wie Kettenrauchen zur Gewohnheit oder gar Sucht mutiert? Hatte er die Götter durch seine Opfer gnädiger gestimmt, sodass die alltäglichen Probleme kleiner wurden, oder lenkte ihn sein neuerlicher Geisteszustand so weit von der tristen Realität ab, dass er ihre nach wie vor bestehenden Unzulänglichkeiten nicht mehr wahrnahm? Bin ich überhaupt den Forderungen des Tages noch gewachsen, oder ist mir die Meditation samt meiner veränderten inneren Einstellung nur zum Fluchtweg vor meinen Problemen geworden?, fragte er sich mehr als einmal in diesen Tagen.

Weiter grübelnd, bewegte Mirko seine verkrampften Glieder und bog den Rücken mehrmals durch, damit die Wirbelsäule etwas von ihrer Starrheit verlor. Dieses Sitzen sollte ihm zur Erleuchtung verhelfen. In der Gruppe sagten sie, dies könne jederzeit geschehen, wie ein Blitzschlag, aber es könne auch ebenso gut Jahre dauern oder mehrere Inkarnationen lang. Die Menschen dort waren so liebenswert, vollkommen überzeugt von der Richtigkeit dessen, was sie taten. Aber manchmal drängten sich Mirko Vergleiche auf, wie die Geschichte mit dem Bauherrenmodell in der Algarve. Da war den Interessenten an einem Bungalow in Strandnähe einschließlich Swimmingpool (warum dieser, wenn der Strand so nahe ist?) ein wüster Landstrich vorgeführt worden und dazu phantasievoll gezeichnete Baupläne mit Grundrissen der Räume samt den geplanten Bäumen im Garten. Zahlreiche Gutgläubige hatten ihr Geld investiert, ratenweise mit dem angeblichen Baufortschritt gezahlt. Bis nach Monaten ein Käuferehepaar die Reise in die Algarve unternahm und sie an der Stelle, wo ihr nahezu fertiger Bungalow hätte stehen müssen, nichts als verdorrtes Steppenland vorfanden. So ähnlich mochte es ihm vielleicht auch einmal ergehen, womöglich nach siebenundzwanzig Wiedergeburten. Falls Wiedergeburten überhaupt stattfanden und die Idee der Reinkarnation nicht ein weiteres Bauherrenmodell in der Algarve war.

Heute war Mirkos Einzimmerwohnung ziemlich kühl. Er erinnerte sich unwillkürlich an Berichte von Zen-Klöstern, in denen die Mönche im Morgengrauen ohne Rücksicht auf Kälte und Feuchtigkeit still saßen. Ihm war bekannt, dass Meister Bankei im reiferen Alter kategorisch erklärte, man könne Erleuchtung durchaus ohne Zazen erlangen, nachdem er in jungen Jahren ums Haar seine Gesundheit beim Meditieren ruiniert hatte. Diese gewaltsamen Unternehmungen beschworen vor seinem geistigen Auge unwillkürlich die Reglements mittelalterlicher europäischer Klöster herauf, wo den Mönchen und Nonnen äußerste körperliche Bußübungen auferlegt wurden: nächtliches Aufstehen, Schlafmangel, Beten, auf kalten Steinböden kniend, und harte Pritschen in spartanischen Zellen. Überall, wo Spiritualität mit Mitteln des Willens betrieben wurde, waren Angst vor dem Versagen und auf jeden Fall Anstrengung die Begleiter. Wenn eine höhere Macht Interesse an den Menschen hatte, wie konnte sie dann so grausam sein und derart sinnlose Opfer von jenen verlangen, die sich ihr vertrauensvoll näherten? Konnte der Buddha oder der Gott der Christen sein Wohlwollen wirklich von einer derartigen Schinderei abhängig machen? Gab es nur den Weg der Mühsal, um Gnade oder Erleuchtung zu erreichen? Oder waren die Regeln, denen Mirko sich unterwarf, womöglich nur Ausgeburten menschlicher Herrschsucht? Über Jahrtausende weiter kultiviert, mit großartigen Versprechungen garniert, damit den Führern die Schar ihrer unkritischen Nachfolger treu blieb?

Was geschieht, wenn ich mit allem aufhöre?, dachte Mirko. Wenn ich höflich ablehnend danke für einen Gott oder Buddha, der fordert, ich möge mir erst die Knochen unterkühlen, ehe er mir gnädig seine Aufmerksamkeit schenkt? Bleibe ich dann unwissend und dumm, und alle Aussichten auf Erleuchtung schwinden dahin? Was ändert sich denn in meinem Leben, wenn mir womöglich Satori widerfährt? Kann ich dann weiter in meinem Beruf arbeiten? Werde ich nicht zu abgehoben sein, um jemals eine normale, gesunde Beziehung zu einem Mädchen zu finden? Oder bleibt mir dann nur noch die Diaspora der Zen-Gemeinde? Ich werde unter Umständen die Hilfe eines Psychologen brauchen, wenn ich aus diesem emotionalen Minenfeld herauswill, in das ich freiwillig und anfangs voller Begeisterung hineingegangen bin.

Wohl kam in der Lehre, an der Mirko zu zweifeln begann, das Tao vor – *Der Weg* genannt. Doch im Gegensatz zu den Dingen, die er über das Tao gehört hatte, erschien *dieser* Weg mit so vielen Anweisungen und Regeln und so viel psychischem Stress gepflastert, dass er sich fragte, ob der Aufwand, den das Streben nach Erleuchtung verlangte, nicht bereits Bestandteil einer falschen Lebensweise und eine der Wurzeln seines Unglücklichseins war. Ehe er sich therapeutischen Rat holte, würde er erst einmal versuchen, zu den Wurzeln des Taoismus vorzudringen, und zwar diesmal ohne allen

Stress. Er würde nichts, absolut nichts davon erwarten, nahm er sich vor – und er wunderte sich, wie fröhlich er plötzlich war.

–

Mit der Geschichte von Mirkos Überlegungen will ich auf keinen Fall etwas verunglimpfen, was den Buddhisten heilig ist. Ich will vielmehr versuchen, zwischen dem in den östlichen Religionen verwendeten Begriff «Erleuchtung», zwischen dem Wort und dem Tatsächlichen eine Beziehung herzustellen, die auch mit den Grundgedanken der taoistischen Philosophie übereinstimmt. Im klassischen Taoismus wird Erleuchtung als Ziel nicht vorgegeben, Chuang tzu erwähnt Satori eher im Nebensatz, wenn er sagt, durch *dieses Begreifen* käme man dem Tao näher. Der Umstand, dass sich *dieses Begreifen* nicht durch Worte herbeiführen lässt, weil unsere Sprache dafür zu arm ist, hat im Laufe der Jahrtausende menschlichen Sehnens und Forschens nach den Wurzeln seiner Existenz Methoden hervorgebracht, mit deren Hilfe sich das Unaussprechliche vielleicht dennoch lehren und vermitteln ließe. Im Zen versucht der Meister, die Schüler durch gewollt paradoxe Gleichnisse, durch Pantomimen und Rätselaufgaben an die Grenzen ihres Verstandes und darüber hinaus zu führen. Intensive, wie oben erwähnt, vielfach bis zur körperlichen Erschöpfung praktizierte Meditationsübungen sollen weiter dazu beitragen, den Suchenden der Buddha-Natur oder dem Tao näher zu bringen. Wie bei der Befriedigung anderer menschlicher Sehnsüchte muss auch hier oft der Zweck die Mittel heiligen. Aus taoistischer Sicht ist demgegenüber jeder spirituelle Fortschritt, der mit Anstrengung, mit Schmerzen und Einschränkungen erkauft wurde, ein Pyrrhussieg. Auf dem Weg zur Erleuchtung wird durch das zwanghafte Befolgen von Regeln, die Druck auf die Psyche der Betroffenen ausüben, beträchtlicher Schaden angerichtet. Satori-Erfahrungen sollen laut zuverlässigen Berichten leider äußerst kurzlebig und für die Lösung von Lebensproblemen, außer dass sie von ihnen ablenken, kaum nützlich sein. Die Nebenwirkungen eines unter fortgesetztem Stress betriebenen Ringens um die so genannte Verwirklichung hinterlassen beim Sieger eines solchen Kampfes vielfach eine geistige Verfassung, in der er Schwierigkeiten hat, mit der Alltagsrealität zurechtzukommen. Kurzum: Die forcierte Suche nach geistigem Fortschritt lässt den Sucher emotional verarmt zurück, und ich habe schon so manchen Verzweifelten erlebt, der sich nichts mehr wünschte, als dass er mit dieser gewaltsamen Art, seinen Problemen beizukommen, niemals begonnen hätte.

Die alten Taoisten haben Jahrhunderte vor Bodhidharmas Auftreten begriffen, dass es auf diese Weise nicht geht. Laotse selbst stellte sich in seinen 81 Versen zweimal die Frage, woher er denn seine Kenntnis der Inhalte des Tao te king habe. «*Woher ich dies alles weiß? – Aus diesem selbst*», antwortet er. Womit gesagt ist, er habe die Dinge, mit denen er sich identisch und verbunden weiß, selbst zu Wort kommen lassen. Was Sprache anrichtet, wenn ein Berufener die Erleuchtung beschreibt, macht ein Text von Meister Eckhart[2] deutlich: *Was soll ich dann tun? – Du sollst ganz deinem Deinsein entsinken und in sein Seinsein zerfließen, und es soll dein Dein in seinem Sein ein Mein werden so gänzlich, dass du mit ihm ewig erkennst seine ungewordene Seinheit und seine unnennbare Nichtheit.*

Haben Sie verstanden, was der gute Franziskanermönch sagt? In seinem Buch «Der westliche und der östliche Weg» schreibt der Zen-Gelehrte Daisetz Taitaro Suzuki[3] zum gleichen Thema: *Erneuerung bedeutet Werden – und das ist Vergänglichkeit. Was ewig ist, kennt keine Erneuerung, wird niemals alt, bleibt immer jung und ist jenseits jeder Art von Zerstörung oder Vernichtung. Erleuchtung ist: zu wissen, was diese Ewigkeit ist, und dieses Wissen besteht darin, Gottes Istheit ewig frei vom Werden zu wissen, seine namenlose Nichtheit zu kennen.*

Wenn es mir gelungen ist, Sie mit den obigen Ausführungen genügend zu verwirren, sind Sie jetzt vielleicht aufgeschlossen für einige verständliche Sätze. Klären wir erst einmal ab, was Erleuch-

2 Meister Eckhart, *Deutsche Predigten und Traktate*, S. 353

3 D.T. Suzuki, *Der westliche und der östliche Weg*, S. 53

tung heißt, wenn man allen religiösen Überbau fortlässt – und ob der Mensch so etwas zu seinem Glück überhaupt braucht. In zahlreichen Diskussionen hat Krishnamurti das Streben nach der so genannten Erleuchtung kurzerhand als eine weitere Aktivität des menschlichen Egos bezeichnet. Er verwies darauf, dass jemand, der von Erleuchtung träumt, an einen Zustand denkt, in dem er Visionen hat und Emotionen erlebt, die ihn regelrecht abheben lassen. Wirkliche Erleuchtung, so Krishnamurti, bedeute schlichtweg Einsicht. Einsicht in die eigenen Irrtümer, Einsicht als die Kunst, die Wahrheit aus dem Falschen herauszufinden.

Ich stimme Ihnen zu, dass damit nach wie vor keine Klarheit darüber herrscht, wie mit Erleuchtung umzugehen, geschweige denn, wie sie je zu erlangen ist. Haben Sie bitte noch ein wenig Geduld. Die Geschichte wird jetzt einfacher: Aus der Perspektive des Taoismus gibt es absolut kein Mittel, keine Methode und keinen Weg, Erleuchtung zu erlangen. Aber: Es gibt aus dieser Sicht auch keinen Grund, danach zu streben. In der Weisheit des Tao gibt es so etwas wie eine kleine Erleuchtung, wenn uns sozusagen ein Licht aufgeht. Diese kleine Erleuchtung hat den Vorzug, dass sie praktizierbar ist, ja, dass sie sogar den meisten unter uns widerfährt, während wir vergebens um Erkenntnis ringen. Lustigerweise ist es ein alter Koan über die Fahnenstange des Kasyapa[4], der die Metapher mit der Antwort liefert: *Wie kann man von der Spitze einer 30 Meter hohen Stange weiterklettern?* Nun? Natürlich überhaupt nicht. Wer uns zum Streben nach Erkenntnis, zum Ringen nach Einsicht animiert, fordert uns auf, eine glatte, hohe Stange hinauf- und darüber hinauszuklettern. Die kleine Erleuchtung besteht darin zu realisieren, dass das unter keinen Umständen gelingt. Wer dies mit Blick auf seine allezeit vergeblichen Bemühungen als Tatsache erkennt, erlebt mehr als einen Hauch von Freiheit. Wie eine frische Brise weht ihn die Erkenntnis an: Du musst dich künftig nie mehr anstrengen, weil diese Anstrengung sinnlos ist – niemals wird es gelingen, diese Stange zu erklimmen oder gar darüber hinauszugelangen.

4 Hui-k'ai, *Zutritt nur durch die Wand*, S. 84

Ist der Mensch, der dem Tao folgt, damit verurteilt, niemals frei von seinem alten Wesen zu werden? Bleibt ihm die Berührung mit dem Unermesslichen versagt, weil er weder meditierend sitzt, bis der Schmerz ihn zum Aufstehen zwingt, noch mit diversen Übungen Geistesakrobatik betreibt, bis sie sein Denken lahm legen? Mitnichten. Die Einsicht in die Nutzlosigkeit derartiger Bestrebungen beschert ihm ein Stückchen mehr Freiheit. Liebe Leserin, lieber Leser: Sie können das Unendliche, Göttliche mit keinem Mittel zwingen, sich Ihnen zu offenbaren, sich zu zeigen oder Besitz von Ihnen zu ergreifen. (So wie viele Träumer und Schwärmer es sich vorstellen, würde daraus auch ein unerträglicher Zustand entstehen, der ein Weiterleben in unserer Gesellschaft vereiteln würde.) Was aber dann? – Geben Sie allen Ehrgeiz auf, geistig etwas zu werden – Verzichten Sie auf alle Versuche, sich zu wandeln. Weil Sie begriffen haben, dass Ihr Wille zwar Ihr Verhalten beeinflussen kann, dass Sie sich anpassen oder verstellen, aber niemals in der Tiefe ihres Wesens grundlegend ändern können. Stellen Sie sich dennoch all dem, was Sie an sich entdecken. Dieses Sichstellen ist bereits Teil der Lösung, sie wird vollständig, wenn Sie jeden Versuch unterlassen, etwas an dem Entdeckten zu verändern. Das ist der andere Teil. Der Wandel geschieht still und unspektakulär von innen heraus. Das Prinzip des Nichthandelns beinhaltet dieses Sichaufgeben aus der Einsicht heraus, dass der Mensch mit Vorsätzen und Absichten nichts zu einem wirklichen Wandel beitragen kann. Wenn es zu außergewöhnlichen Einsichten kommt, wird dies auf dem Wege der Absichtslosigkeit und der Mühelosigkeit geschehen. Eine Einsicht, die zunehmend die tiefe Bedeutung des eigenen Lebens erhellt, kann nur aus einem Geisteszustand der Stille wachsen, einer Stille freilich, die nicht durch künstliche, gewaltsame Mittel herbeigeführt wurde. Es ist die Stille eines Geistes, der nichts mehr werden will, eines Geistes, dem genügen würde, einzusehen, zu begreifen, wie er wirklich beschaffen ist und wo seine Wurzeln sind. Nichtstun in diesem Sinne schafft den Freiraum, in dem das Tao aktiv wird. Es wird nichts getan, und dennoch bleibt nichts ungetan. Sich aufgeben ist tausendmal wirksamer als alles Streben nach Erleuchtung. Wenn unser Gehirn seine eigene Bewegung zu verstehen beginnt und sehr, sehr kritisch die Zustände betrachtet, die es selbst – aus zahllosen unreflektierten Gründen – verursacht, *hat die erwünschte Veränderung bereits begonnen.*

Alan Watts pflegte bei Diskussionen nach seinen Vorträgen auf die Frage, ob man durch Meditation Erleuchtung erlangen könne, zu antworten: «Wenn Sie es versuchen, wird Meditieren der beste Beweis dafür sein, dass es damit nicht funktioniert.» Ich stimme Alan Watts von Herzen zu. Dennoch halte ich viel von Meditation, und wenn sie ohne jede Zielsetzung, frei von jedem Ehrgeiz praktiziert wird, frei von festen Zeiten und Orten und Körperhaltungen, kann sie sich unbedingt positiv auf unseren Geist auswirken. Darf ich Ihnen in diesem Zusammenhang eine kleine Übung mit auf den Weg geben?

Suchen Sie einen Raum auf, in dem Sie allein und ungestört sind. Lassen Sie sich nieder – und tun Sie nichts. Lassen Sie Ihren Gedanken freien Lauf, ohne sich mit irgendeinem Problem zu beschäftigen. Lesen Sie nicht, trinken oder essen Sie nichts, rauchen Sie nicht und hören Sie auch keine Musik. Seien Sie einfach still und verzichten Sie in diesen Minuten, auch für eine Weile darauf, Dinge zu wollen oder nicht zu wollen. Falls Sie das konsequent länger als fünf Minuten, vielleicht sogar eine Viertelstunde durchhalten, werden Sie spüren, wie sich das Gefühl Ihrer Identität wie Nebel im Wind aufzulösen beginnt. Es stellt sich eine Ahnung von Leere ein, und dies ist meist der Punkt, an dem die Übung abgebrochen wird. Denn verbunden mit dieser Empfindung von Leere, von Nichts, ist das Gefühl zunehmender Beziehungslosigkeit zu Ihren Besitztümern, Partnern, Plänen und Sorgen. Sie merken, wie Ihre gewohnten Orientierungsmarken dahinschwinden. Oft stellt sich in dieser Phase Angst ein, weil der Eindruck entsteht, unvermittelt ohne alle Sicherheiten dazustehen. Halten Sie noch ein wenig durch und lassen Sie sich sagen, dass Sie in der Erfahrung der Leere in Ihnen dem Unbekannten begegnen. Etwas aus Ihrem Inneren berührt Sie, das Sie Ihr Leben lang schon begleitet und das die Quelle aller Intuition und Kreativität ist. Sich diesem Gefühl des Nichtseins zu überlassen, sich ihm gegen alle Fluchtreaktionen, die zurück in die alten Muster drängen, anzuvertrauen, ist der Schlüssel zu spontaner Intelligenz.

–

Erlauben Sie mir zum Schluss eine kleine Glosse, die den Unterschied zwischen der allgemeinen östlichen Sicht von Erleuchtung und dem Standpunkt des Taoisten verdeutlicht:

Ein Mensch sucht dringend einen Sack Kartoffeln. Er fragt seinen Meister und bekommt auch Antwort: «Steck dir in jedes Ohr ein Büschel Petersilie», sagt dieser. «Nimm eine Zitrone zwischen die Zähne. Öffne die Kellertür und klettere auf Knien und Ellbogen rückwärts hinab. Bewege dich weiter rückwärts – und du wirst auf deinen Sack Kartoffeln stoßen.»

Anders lautet die Antwort, wenn ein Taoist Auskunft gibt: «Geh in den Keller und schau nach, ob dort einer steht.»

«Ja, aber brauche ich dazu nicht Petersilie, eine Zitrone und muss ich nicht auf Knien und Ellbogen rückwärts die Treppe hinab?»

«Lass den Unsinn», sagt der Taoist. «Entweder steht ein Sack Kartoffeln im Keller oder nicht. Wenn einer da ist, findest du ihn ohne allen Hokuspokus. Und wenn keiner da ist, helfen dir auch alle Zitronen und Petersiliensträußchen der Welt nichts.»

Gedanken über das Ich

Die Bedeutung von Ich und Nicht-Ich wird in den folgenden Kapiteln mehr als einmal die Ausführungen beeinflussen. Ich will darum die Auseinandersetzung mit der philosophisch ebenso wie neurobiologisch umstrittenen Frage mit einem Gespräch beginnen.
T: Taoist – F: Fragesteller

F: Ich habe mehrfach schon die Behauptung gelesen, das, was ich für mein Ich halte, wäre nur ein Erzeugnis meines Denkens. Diese Wesenheit, die ich für den Denker meiner Gedanken halte und von der ich überzeugt bin, dass sie meine Bewusstseinszustände erlebt, ist angeblich nur ein Gebilde, das sich aus Gedächtnisinhalten und sekundären Gefühlen generiert. Dabei bin ich mir sicher, mein Denken kontrollieren zu können – ich war monatelang Mitglied eines Meditationskreises, der Ich-Losigkeit zum Ziel hatte, aber man ging dabei von einem real vorhandenen Ich aus. Wie stehen Sie als Taoist dazu?

T: Eigentlich überhaupt nicht. Ob Ihr Ich real ist oder nicht, müssen Sie selbst herausfinden, das kann Ihnen niemand sagen. Wenn ich Ihnen sage, Sie hätten keines, und Sie glauben das, dann ändert sich dennoch nicht das Geringste an Ihrem Fühlen, und an Ihrem Denken ändert sich nur, dass Sie sich abmühen, anstelle der bisher vorhandenen Ich-Zustände so genannte Nicht-Ich-Zustände herzustellen, und das ist ziemlich anstrengend. Es ist exakt das, was in solchen Meditationsgruppen unfreiwillig praktiziert wird. Weil Ihr Verstand bei allen diesen Aktionen mitmischt und Sie dadurch täuscht, indem er mit nur unwesentlich veränderten Denkkategorien weiter im alten Muster operiert.

F: Aber ich habe auch schon Aufsätze von Neurologen gelesen und komplizierte Abhandlungen, dass Testreihen nirgendwo die Existenz eines Ich nachweisen konnten. Selbst einige aufgeschlossene moderne Psychologen sind inzwischen zu der

Auffassung gelangt, man würde beim Patienten an einem Gebilde herumkurieren, das es in Wirklichkeit gar nicht gibt. Ich las weiter von Diskussionen über die Frage nach dem freien Willen und nach der Schuldfähigkeit des Menschen, falls sich weitere Indizien für die Nichtexistenz eines Ich fänden. Die Hirnforscher reduzieren die Psyche auf Organfunktionen.

T: Und sind Sie nun gescheiter? Ändern die gesammelten Informationen das Geringste an Ihrem Verhalten oder an Ihrem Befinden? Wissen Sie nun, wer Sie wirklich sind? Handeln Sie intelligenter als vor der Lektüre? Gelingen Ihnen Ihre Beziehungen seitdem besser, oder geht es mit Ihren Geschäften dadurch aufwärts?

F: Nein, geändert hat sich dadurch nichts. Doch, ich bin befangener, unsicherer geworden. Haben Sie außer Ihrer Stichelei nicht mehr zum Problem beizutragen? Wenn das so ist, können wir das Gespräch ebenso gut abbrechen.

T: Doch, es lässt sich einiges dazu sagen. Aber ich wollte Sie erst zu Wort kommen lassen. Es gibt zwischen uns beiden bei diesem Gespräch ein Problem: Ihr Verstand spricht meinen Verstand an und will Auskünfte. Und wenn ich Ihnen antworte, gelangen meine Worte über Ihr Gehör ins Gehirn, und dort reagiert Ihr Denken genau mit dem vorfabrizierten Ich auf das Gesagte. Metaphorisch hätten wir damit den Bock zum Gärtner gemacht, denn eben Ihr Ich-Zustand ist der Zuhörer und hofft auf Ratschläge, wie er sich selbst loswerden könnte. Ihr Ich suggeriert Ihnen die Zuversicht, auf diese Weise eine Lösung des Problems zu finden. Und es spielt ein falsches Spiel, weil es selbst das Hindernis ist, um das sich die ganze Diskussion dreht.

F: Wenn das stimmt, wäre jeder Versuch ein hoffnungsloses Unternehmen.

T: Sie sagen es. Geben Sie alle Versuche auf, Ihrem Ich beizukommen. Das schließt auch alle Anstrengung ein, Ihr Denken zu kontrollieren. Sie können Ihr Denken nicht zudrehen wie den Hahn an Ihrem Gasherd daheim – das haben Sie ja bei all Ihren Bemühungen selbst erfahren.

F: Was Sie sagen, leuchtet mir ein. Aber damit müsste ich alle Hoffnung begraben, auf irgendeine Weise etwas in meinem Leben zu verändern. Ich fürchte, ich werde weitersuchen. Irgendwo muss es doch einen Weg geben, der aus dem Elend herausführt.

T: Nicht so schnell. Ich habe mit keinem Wort behauptet, es gebe keine Lösung Ihres Problems. Nur ist sie anders beschaffen, als Sie es bisher versucht haben, und auch anders, als viele Bücher ihren Lesern vorgaukeln. Die Philosophie vom Tao hält keine Patentrezepte im Stile von *In dreißig Tagen erleuchtet* oder *Denke dich schlank, reich und prominent* für uns Sterbliche bereit. Im Taoismus in seiner ursprünglichen Gestalt, bevor buddhistische Einflüsse Gedanken von der Überwindung des Ich und von Karma, Reinkarnation und Nirwana hineinbrachten, gibt es die Idee von der Ichlosigkeit überhaupt nicht.

F: Ja, worin besteht dann eigentlich der Sinn, mich mit dem Tao zu beschäftigen, wenn es bei meinem alten Ich bleibt, mit dem ich mich oft genug herumquäle?

T: Die Weisheit der taoistischen Philosophie versucht auf keiner Ebene, eine weitere philosophische Lehre zu liefern. Sie basiert auf dem, was ***ist***, auf dem Tatsächlichen, das es nicht nötig hat, erklärt oder gedeutet zu werden. Das Ich, das Sie loszuwerden probiert haben, wird vom Denken zusammengehalten und von dort aus Tag und Nacht in Betrieb gesetzt, indem es zwischen den Menschen und seine Erfahrung geschaltet wird. Das Ich – ich möchte es hier das kleine Ich nennen, weil es noch ein anderes gibt – verhindert die Unmittelbarkeit jedes Erlebens und fungiert als eine Art Filter. Das ist seine eine Funktion, auf die man verzichten kann. Auf der anderen Seite drückt unser Ich-Gefühl aber auch unsere Identität aus: unseren Namen, unsere Herkunft und alle jene Informationen, die wir anderen Menschen gegenüber einsetzen, um uns darzustellen. Es wäre völlig sinnlos, diese äußerlichen Identitäts- und damit Unterscheidungsmerkmale in irgendeiner Form zu negieren.

F: Das ist das Ich, das ich kenne und, zugegeben, erfolglos bekämpft habe. Aber was ist das andere?

T: Um uneingeschränkt zu verstehen, was ich Ihnen gerne sagen würde, wäre es günstig, wenn Sie für die Zeit, in der Sie mir zuhören, einmal alle Ihre Überzeugungen, Ihre Grundannahmen über Ihre Identität und Ihre Position im Universum beiseite ließen. Können Sie sich für eine halbe Stunde in einen Zustand versetzen, in dem Sie nichts, absolut nichts über sich wissen? Verstehen Sie, die Probleme und alltäglichen Heimsuchungen, die Sie gerne verändern würden, sind nicht die Ursachen für Ihren Mangel an Glückserleben – es sind bereits Wirkungen. Es sind die Auswirkungen einer Lebensweise, die von Ihren falschen Überzeugungen über sich und Ihre Möglichkeiten in der Welt ausgeht.

F: Ich kann für nichts garantieren, aber ich will versuchen, meine Meinung draußen zu halten und nicht in Gedanken mit Ihnen zu argumentieren, während ich Ihren Worten lausche.

T: Ich werde keine Behauptungen aufstellen, die Sie glauben mögen oder nicht – ich werde Ihnen Fragen stellen. Versuchen Sie bitte keine Antworten zu finden, warten Sie ab, ob nicht aus einer anderen Quelle als Ihrem Gewussten die Ahnung einer Antwort emporsteigt. Ich will noch einmal in einer Schleife zu den Bausteinen des kleinen Ich zurückkehren, um dann ein deutliches Stück weiterzugehen. Sind Sie das, was Sie wissen, was Sie erlebt haben und was Sie besitzen? Sind Sie Ihre Erinnerungen? Ist Ihr Selbst, Ihre Psyche ein Konglomerat angesammelter Gedächtnisinhalte? Womit identifizieren Sie sich? Mit der ganzen Welt? Mit Ihren gespeicherten Erlebnissen? Oder identifizieren Sie sich mit dem Jetzt? Sind Sie vielleicht einzig das, was Sie in diesem Augenblick wahrnehmen, was soeben geschieht?

F: Ich denke inzwischen schon, dass ich sämtliche Fragen bejahen kann. Auch der Bezug auf das Jetzt leuchtet mir ein, dass ich im Grunde immer jeweils das bin, was gerade geschieht, weil es lebendige Gegenwart ist, während der Rest von mir zur Vergangenheit zählt.

T: Folgen Sie meinen Fragen weiter. Sie müssen wissen, der Taoismus lehrt ein Ich, das ungleich umfassender, größer und gewaltiger ist als die kleine Rinne, in die unser Denken unsere Identität einsperrt. Darauf zielt das Weitere hin. Sind Sie womöglich etwas ganz anderes, als ich vorhin angedeutet habe? Vielleicht sind Sie ein Niemand, ein Nichts? Oder sind Sie mehr als dieses Wesen, das nach Ihrem Wissen und Gefühl an der Hautoberfläche aufhört? Könnte es sein, dass Ihre Erlebnisse und alles, was sich vor Ihren Sinnen abspielt, ebenfalls Ihnen gehören und infolgedessen *Sie* sind?

F: Wenn dies zuträfe, würden die Menschen, denen ich begegne, die in mein Leben hineinspielen, ebenso ich sein wie die Berge und der Boden, den ich betrete. Bin ich womöglich alles das, was ich mit meinen Sinnen, Gefühlen und Gedanken erfassen kann? Wenn ich nicht gelernt hätte, dass ich dies alles *nicht* bin, käme ich vielleicht nie auf die Idee, diese Erscheinungen könnten überhaupt getrennt von mir existieren. Wer kann mir sagen, was wahr ist und was falsch? Ich selbst vermag nicht zu fühlen, wer ich bin und wo ich stehe, dazu bin ich von Kind an viel zu stark beeinflusst worden, als dass mir noch ein unvoreingenommener Blick auf mich möglich wäre. Wenn es stimmen sollte, dass ich die Ereignisse meiner Wahrnehmung ebenso bin wie mein Körper und meine Erinnerungen, dann bin ich entweder als ein Wesen, dessen Identität sich im Getriebe der Außenwelt verliert, mehr oder weniger ein Niemand – oder ich bin alles, Produkt und Verursacher der Evolution gleichermaßen, sozusagen die Personalunion von Schöpfer und Geschöpf, das Tao, das sich im Menschen realisiert.

T: Werden Sie versuchen, diese Denkinhalte zunehmend als real anzusehen? Es ist ungeheuer befreiend, den Alltag mit einem von der Last dieses *Hier ich und dort der Rest der Welt* befreiten Sinn zu erleben. Wer sich diesem Geisteszustand ein einziges Mal, und sei es nur probehalber, verschrieben hat und dem sich spontan das Gefühl des Einsseins mit seinem Leben erschlossen hat, wird nicht mehr ins alte Denkschema zurückkehren wollen. Wo vorher nur der armselige Raum, diese enge Rinne seiner egozentrischen Bewegungen war, erweitert sich sein geistiger Horizont zu einem Kreis, dessen Durchmesser unendlich ist. Es findet kein Verlust individueller Identität statt. Wer sich dieser Einsicht öffnet, sie akzeptiert und danach lebt, erfährt ein Mehr an Existenz und nicht das Gegenteil. Identität als Mittel zur Selbstdarstellung nach außen bleibt ebenso erhalten wie das Gefühl, man selbst zu sein.

Von Ängsten und Sorgen

Novak schlenderte durch den Schlossgarten, wo die Vögel in den Bäumen sangen, während die Frühlingssonne ihre Strahlen durch die Zweige sandte. Mütter führten im Kinderwagen ihren Nachwuchs spazieren und machten fröhliche Gesichter. Nichts von alledem erreichte Novaks Sinn, denn Sorgen und Nöte beschäftigten ihn stark genug, dass die Außenwelt dort blieb, wo sie war, nämlich draußen. Dabei hätte er noch nicht einmal sagen können, wo die Quelle seines Unbehagens saß, doch bloß nicht genau zu wissen, welche Sorge ihn in diesem Moment heimsuchte, reichte bereits aus, ihm den Tag zu verleiden. Er passierte den Einstieg zur Grotte hinter der alten Orangerie und tauchte ein ins feuchte Dämmerlicht hundertjähriger Bäume. Zwischen Felsen sandte ein Wasserspeier seinen Strahl tief hinab in das von über mannshohem Rhododendron gesäumte Bassin. In diesem Augenblick fand Novak, dass dies ein idealer Ort für die Begegnung mit einer guten Fee wäre. Sie würde aus den Büschen heraustreten und die Worte sprechen: «Du darfst dir etwas wünschen.» Was könnte man sich in so einem Augenblick wünschen? Novak wurde sich seiner bedrückten Stimmung bewusst – er würde sich wünschen, dass er sich künftig keine Sorgen mehr machen müsste. Der Wachtraum, plötzlich ohne Sorgen zu sein, ließ ihn tief einatmen. Wie auf Wolken setzte Novak seinen Weg fort. Während er träumte, die Begegnung habe wirklich stattgefunden, hatte er das Gefühl, als ob er die Hälfte seines Körpergewichts verloren hätte. Nur selten hatte er einen Frühlingstag so intensiv erlebt wie in diesen Momenten.

Zu Hause angelangt, berichtete er seiner Frau Gerda von seinen Gedanken.

«Einmal angenommen, die Begegnung mit deiner Fee wäre kein Phantasieprodukt. Würde dies deiner Ansicht nach bedeuten, dass wir in Zukunft keine Probleme mehr hätten, wie wir das Geld für die Hypothek und die Leasingraten für dein Auto zusammenbekommen? Keine Sorgen mehr um unsere Gesundheit oder Angst vor einer Kündigung? Bedeutet es, dass wir künftig verreisen können, ohne jeden Cent umdrehen zu müssen – und noch eine Menge mehr? Wäre dies im Leistungspaket deiner phantastischen Fee inbegriffen gewesen?»

Novak runzelte die Stirn. «So weit habe ich nicht gedacht. Ich war auf dem Spaziergang in sehr bedrückter Stimmung. Darum habe mir nur vorgestellt, ich müsste mich nie mehr so zwanghaft sorgen und könnte wieder fröhlich sein.»

«Das hieße also, dass das Leben uns weiter nach Belieben beutelt – nur würde es dir nichts mehr ausmachen. Es würde bedeuten, dass in Zukunft *ich* diejenige wäre, die für uns beide die Last der Sorgen trägt. Dass fortan allein ich mich um all die Dinge des Alltags kümmern müsste, während du sorglos in den Tag hinein leben würdest, egal, ob über uns der Himmel einzustürzen droht oder nicht.»

«Tja», setzte Novak nachdenklich zu einer Erwiderung an, aber Gerda fuhr zunehmend zorniger fort:

«Es ist schon schwierig genug, wenn wir beide die Sorgen teilen, unsere Angelegenheiten einigermaßen zu bewältigen, und ich war bisher immer diejenige, die auftretende Pannen beheben musste, während du unsere Sorgen spazieren getragen hast. Ich würde es – Fee hin oder her – niemals akzeptieren, wenn du zusätzlich zu deiner charakterlich bedingten Passivität auch noch den Sorglosen spielen würdest.»

Ehe Gerda die Liste seiner Verfehlungen fortsetzen konnte, fiel Novak ausnahmsweise spontan eine intelligente Erwiderung ein: «Sei ein paar Minuten still und hör mir zu. Solange ich denken kann, habe ich mich mit Sorgen und allerlei Ängsten gequält. Wenn ich die sorgenumwölkten Tage bis heute zusammenaddiere, kommen achtzig, vielleicht sogar neunzig Prozent meiner Lebenszeit zusammen. Und wenn ich von dieser Zahl die Ängste vor Ereignissen abziehe, die nie eingetreten sind, verbleiben netto höchstens zehn Prozent. Und wenn ich nochmals subtrahiere, und zwar die Ereignisse, vor denen ich mich mit einer gewissen Berechtigung gefürchtet habe und die dann bei weitem nicht so schlimm ausfielen, wie meine Phantasien es mir ausgemalt hatten, dann bleiben nur wenige Prozentpunkte Lebenszeit übrig, in denen meine Sorgen begründet und berechtigt waren. Was wir beide, du wie ich, solange wir beisammen sind, an Sorgen gewälzt und aufgetürmt haben, war zum größten Teil für die Katz. Nutzlos, fruchtlos, sinnlos. Geändert hat diese Sorgerei nicht das Geringste am tatsächlichen Geschehen. Bis heute haben wir wie hypnotisiert auf kommende Katastrophen gestarrt und von allen in einer Situation denkbaren Möglichkeiten immer die schlimmste erwartet. Ich finde, wir sollten zusehen, dass wir aus diesem Teufelskreis herauskommen.»

«Das finde ich auch», stimmte Gerda zu. «Nun sage mir nur noch, wie wir das anstellen sollen.»

–

Es ist schon seltsam: Da sind wir zutiefst von der Kraft unseres Willens und unserer Entscheidungen überzeugt, aber in einer Angelegenheit, die uns regelmäßig den Seelenfrieden raubt, scheinen wir so gut wie machtlos zu sein. Ich mache zwischen Sorgen und Ängsten keinen Unterschied, weil sie aus der gleichen Quelle stammen und weil sie im Grunde Synonyme sind. Die meisten Probleme dieser Art quälen uns oft aus dem Unbewussten heraus, wir spüren selbst in Situationen großer Lebensfreude unterschwellig das Unbehagen, dass irgendetwas drohen oder nicht stimmen könnte. Andererseits: Bei klarem Verstand wissen wir im Grunde, dass eine ganze Menge unserer Ängste niemals eintreten werden, und ein Rückblick in die Vergangenheit bestätigt es: Wir haben uns völlig unnötig Sorgen gemacht. Nichtsdestoweniger gelingt es uns um alles in der Welt nicht, diese Mechanismen einfach abzuschalten. Unser Gehirn gehorcht dem Teil nicht, der einen solchen Beschluss fasst. Und alle Tricks, alle schönen Sprüche wie «Schau der Furcht in die Augen, und sie flieht» helfen nichts, wenn uns die Sorgen vor Ereignissen beuteln, die noch gar nicht eingetreten sind. Wir wissen um dieses Phänomen und sind dennoch wie süchtig danach, in unserer Vorstellung Szenarien abzubilden, die ebenso wenig Wirklichkeit werden wie viele unserer hoffnungsvolleren Wachträume. Selbst dort, wo unsere Befürchtungen berechtigt sind, wo echte Gefahren drohen, nützen vorausgenommene Ängste wenig, der Herausforderung zu begegnen. Auch das wissen wir – und vermögen dennoch wenig dagegen zu tun.

Die Machtlosigkeit gegenüber diesen destruktiven Gedankenmustern sollte uns eigentlich nachdenklich stimmen. Wir können beschließen, heute die Straßenbahn statt das Auto zu nehmen, wir vermögen zu entscheiden, ob wir unseren Lebenspartner verlassen oder die Stellung wechseln trotz des Risikos, arbeitslos zu werden, wir können Reisen planen und beliebig viele Briefe schreiben. Bei allen diesen Maßnahmen spielt unser Kopf gehorsam mit. Nur dort, wo die Dinge wirklich drücken und uns quälen, ist es mit unserer Autorität schlagartig vorbei. Wir scheinen nur eingeschränkt Herr im eigenen Haus, sprich Herr über unser Fühlen und Denken zu sein. So verweigert sich unsere Angst produzierende Einbildungskraft in schöner Regelmäßigkeit unserem Willen. In unserem Kopf arbeiten offenbar unkontrolliert Mechanismen, die wir immer wieder zu beeinflussen suchen, ohne dass uns dies je gelingen würde. Man nimmt sie darum mit einer gewissen Resignation als wesenseigen hin, als etwas, mit dem der Mensch auf Grund gewisser irrationaler Eigenarten eben zurechtkommen muss. Gut, die Reflexe unserer Vorstellungskraft suggerieren uns gelegentlich auch den Himmel auf Erden. In Visionen entführen sie uns in heile Welten, in denen keine Gefahr für Glück und Seelenfrieden besteht. Doch in jeder Situation, sei sie angenehm oder risikobeladen, führt unsere Phantasie uns weg von der Realität ins Land der Idee, in das Land, in dem auch unser Ich zu Hause ist. Dieses Ich, das außer bei Angst und Sorge problemlos zu funktionieren scheint, ist das ausgereifteste, am aufwendigsten konstruierte Produkt der Phantasie unseres Gehirns. Dieses Hirn leistet seine Arbeit, ohne dass dieses imaginäre Ich überhaupt gebraucht würde. Wie alle gekonnten Täuschungen hat unser Ich einen extrem hohen Anschein von Wirklichkeit, weil es Zweifel an seiner Echtheit gar nicht aufkommen lässt. Damit hat es Ähnlichkeit mit den Taktiken eines gerissenen Betrügers, der seinen Behauptungen so viel Wahrheit wie möglich beimengt, damit seine Opfer ihm auf den Leim gehen. Der Ich-Zustand wird grundsätzlich Sekundenbruchteile nach einer vom Hirn getroffenen Entscheidung eingeschaltet, und das Denken vermittelt die Illusion, das Ich habe diese Entscheidung gefällt. Die Grundidee der evolutionären Entwicklung unseres Ich-Bewusstseins ist wohl der Wahn, dieses Zentrum wäre ein Bollwerk gegen alle Gefahren, weil es die raue Wirklichkeit auf Abstand hält. Was bis zu einem gewissen Grad sogar stimmt. Dafür ist es jedoch im Gegenzug allen mentalen Plagegeistern hilflos ausgeliefert.

Womit wir bei der Gretchenfrage von weiter oben angelangt wären: wie wir es anstellen können, aus diesem Teufelskreis auszubrechen.

Lassen wir als Erstes einen Berufenen zu Wort kommen – Hermann Hesse[5]:

Er wusste nun plötzlich, was Angst ist, und dass sie nur von dem überwunden werden kann, der sie erkannt hat. Man hatte vor tausend Dingen Angst, vor Schmerzen, vor Richtern, vor dem eigenen Herzen, man hatte Angst vor dem Schlaf, Angst vor dem Erwachen, vor dem Alleinsein, vor der Kälte, vor dem Wahnsinn, vor dem Tode – namentlich vor ihm, dem Tode. Aber all das waren nur Masken und Verkleidungen. In Wirklichkeit gab es nur eines, vor dem man Angst hatte: das Sich-fallen-Lassen, den Schritt in das Ungewisse hinaus, den kleinen Schritt hinweg über all die Versicherungen, die es gab. Und wer sich einmal, ein einziges Mal hingegeben hatte, nur einmal das große Vertrauen geübt, und sich dem Schicksal anvertraut hatte, der war befreit. Er gehorchte nicht mehr den Erdgesetzen, er war in den Weltraum gefallen und schwang im Reigen der Gestirne mit. So war das. Es war so einfach, jedes Kind konnte das verstehen, konnte das wissen.

Von Hermann Hesse wissen wir, dass er sich intensiv mit östlichen Religionen und Philosophien beschäftigt hat; «Siddharta», eines seiner Werke, ist dem Buddha gewidmet. Auch in vielen anderen seiner Schriften ist taoistisches Gedankengut zu erkennen. Im Grunde wäre dieses Zitat Antwort genug auf die Frage, wie man Ängste und

5 Hermann Hesse, *Klein und Wagner*, S. 90

Sorgen loswerden kann. Hesses Worte allein reichen nach meiner Erfahrung dennoch nicht aus, um eine erfolgreiche Strategie gegen die Angst zu entwickeln. Über Jahre hinweg habe ich in Abständen den obigen Textauszug aus «Klein und Wagner» als Seminaraufgabe benutzt – und sie jedes Mal wieder für eine Weile abgesetzt, weil zu meiner Bestürzung nur wenige der Teilnehmer wirklich etwas damit anfangen konnten. Angst ist ein allgemein menschliches Problem, und so gut wie alle Religionen und Philosophien haben sich damit auseinander gesetzt, natürlich auch der Taoismus. Ich stimme Hesse zu, unter unseren Sorgen und Ängsten liegt immer auch eine uneingestandene Furcht vor dem Tod, vor dem Ende, auch Furcht vor dem Versagen, vor dem Absturz in den Abgrund. Und es begleitet uns unbewusst ein Gefühl, Sicherheit sei nur Illusion und wir würden im Universum eines Schöpfers leben, in dem Sicherheit nicht vorgesehen ist.

Sich fallen lassen – wie erkläre ich jemandem, wie das geht, wenn dieser Mensch eine so genaue Anleitung will wie für die Zubereitung einer Salatsoße? Würde ich dabei von einer Prise Salz sprechen, bekäme ich garantiert die Rückfrage, ob mit Prise die Menge gemeint wäre, die man zwischen Daumen, Zeige- und Mittelfinger erfasst, und ob es denn nicht einen Unterschied mache, ob jemand mit zarten Händen sich die Prise greift oder mit klobigen Bauernpranken. Und nicht genug: ob denn das Quantum einer solchen Prise bei feinkörnigem Salz anders dosiert werden müsse als bei grobkörnigem oder ob ich überhaupt die Granulierung genügend berücksichtigt hätte. Ich ziehe das Salatsoßen-Thema bewusst ins Lächerliche, aber Sie ahnen, was ich damit andeute? Wer so sehr wie die meisten Menschen unter zeitweiligen oder chronischen Ängsten leidet, wird es genau wissen wollen. Dem genügt Hesses überschwängliche Prophezeiung nicht, wie sich jene fühlen, die es ein einziges Mal riskiert haben. Man könnte sagen, dass dieses Sich-fallen-Lassen, wie Hesse es meint, von Ängsten blockiert wird, die der Todesangst gleichkommen. Hesse geht sogar einen Schritt weiter und erklärt die Furcht vor dem Loslassen zu Lebzeiten zum schwierigeren Problem. Sich selbst loslassen, sich ins Leben, ins unsichere, ungewisse, wenig vorhersehbare Leben hineinfallen lassen bedeutet, dass mein altes Ich, an dem ich so hänge, *jetzt* stirbt und nicht damit wartet, bis am Lebensende keine Wahl mehr bleibt. Es würde dem freiwilligen Verzicht auf ein gedankliches Sicherheitsgerüst gleichkommen, und es würde bedeuten, dass vom Augenblick einer solchen Entscheidung an Zukunft nicht mehr in der gewohnten bedrohlichen Form stattfindet, weil sie 99 Prozent ihrer Bedeutung verloren hat. In einem anderen meiner Bücher vergleiche ich dieses Sich-fallen-Lassen mit dem Geisteszustand eines Menschen, der beschlossen hat, aus dem Leben zu scheiden, aber damit noch 24 Stunden warten will. Und der während dieser Spanne, die er sich eingeräumt hat, eine derartige sorgenfreie Leichtigkeit erlebt, sich unversehens in der angstfreien Zone des Jetzt befindet, dass er nach Ablauf der Frist keinen Grund für einen Selbstmord mehr sieht.

Die Selbstmord-Metapher trifft den Kern allerdings nur bedingt – der Vergleich hinkt. Wo im Ernstfall Lebensüberdruss, Lethargie und eine unsagbare Gleichgültigkeit der Welt gegenüber vorherrschen, ist jemand, der sich wie im Spiel aufgibt, hellwach, absolut lebendig und voller Leidenschaft am Leben interessiert. Dieses Sich-fallen-Lassen ist ein Akt echter Kreativität, ausgelöst vom Geist der Intuition und nicht vom Verstand, ein Akt der Einsicht, dass mit dem Aufgeben der krampfhaften Ich-Zustände kein Kontrollverlust bei unseren Angelegenheiten verbunden ist. Dass im Gegenteil der neu entdeckte Zustand einer absolut wirksamen, treffsicheren Art des Entscheidens und Handelns Tür und Tor öffnet. Es ist der Einblick in die Mechanismen unseres Selbsterhaltungstriebes, der die Schäden aufdeckt, die unsere Einbildungskraft fortgesetzt anrichtet. In seinem Essay «Kreise» bringt Ralph Waldo Emerson[6] das Unsinnige an Ängsten auf den Punkt:

Geoffrey zieht seine Stiefel an, um durch den Wald zu gehen, damit er seine Füße vor den Bissen der Schlangen schützen kann; Aaron denkt gar nicht an eine solche Gefahr. Durch viele Jahre hindurch stößt keinem von beiden

6 Ralph Waldo Emerson, *Essays*, S. 243

ein solcher Schaden zu. Dennoch scheint es mir so, als begebe man sich mit jeder Vorsichtsmaßnahme gegen ein Übel solcher Art nur selbst unter die Gewalt des Bösen. Ich meine, die höchste Vorsicht ist die geringste Vorsicht.

Die Chance auf einen Wandel setzt voraus, dass wir die Ungereimtheiten in unseren Köpfen nicht länger als der Gattung Mensch angeboren und ergo genetisch bedingt akzeptieren. Es ist nicht unser Schicksal, dass wir in bestimmten kritischen Bereichen nicht mehr der Herr im eigenen Haus sind. Die Einsicht in das Absurde unserer zeitweilig irrationalen Reaktionen bildet den ersten entscheidenden Schritt zur Befreiung von ihnen. Es ist ein Schritt der Vernunft, kompromissloser, konsequenter Vernunft, die uns die fragwürdige Struktur unseres Ich klar sehen und seine Kompetenz infrage stellen lässt. Ich möchte Ihnen eine kleine Übung empfehlen – und ich verlange von Ihnen keine Unmöglichkeiten. Es sind tatsächlich Möglichkeiten, und zwar für jeden, der sie entdecken kann.

Wenn Sie sich am Abend zur Ruhe begeben, setzen Sie sich für ein paar Minuten ins Bett, rücken das Kopfkissen bequem zurecht, damit Sie sich am Kopfteil anlehnen können. Und dann versuchen Sie sich bitte vorzustellen, dass es dieses Wesen in Ihnen, das sich ständig Sorgen machen muss und ständig Konflikte erzeugt, gar nicht gibt. Stellen Sie sich vor, es wäre drinnen niemand zu Hause, machen Sie sich klar, dass das Wesen, das Sie zeitlebens für Ihr Selbst hielten, nur eine von Ihrem Denken erzeugte Illusion ist. Je intensiver Ihnen diese Vorstellung gelingt, desto näher rücken Sie der Realität, und zwar diesmal der echten, nicht jener aus der Welt der Ideen, denen die Illusion vom Ich entspringt. Beachten Sie: *Sie erzeugen mit dieser Übung keine Wahnidee, sondern Sie realisieren mit ihr einen tatsächlich existierenden Zustand.* Versuchen Sie es, die Übung wird gelingen, wenn Sie allen Widerstand aufgeben und alle anders lautenden Überzeugungen beiseite lassen. Dann sind plötzlich nur noch Sie und der umgebende Raum da. Es wird ein Gefühl von Weite und Transparenz Ihr Gemüt berühren, rein wie die Stille einer klaren Frostnacht. Sie werden unversehens spüren, dass eigentlich nur dieses Jetzt, das in Ihrem Schlafraum stattfindet, existiert, dass da kein Morgen ist und dass mit einem Mal das Zentrum in Ihnen sich samt seinen Sorgen in nichts aufgelöst hat. Als Nebenwirkung entschwinden in dieser Phase Ihrer Meditation auch alle übrigen Bindungen, es stellt sich ein erfreulicher Zustand temporärer Beziehungslosigkeit ein, der jedoch keinen realen Verlust bedeutet. Der Zustand wird nicht bis zum anderen Tag vorhalten. Aber die Übung wird nachwirken, denn Sie werden den Tag im Wissen um ein geistiges Refugium verbringen, in das Sie jeden Augenblick zurückkehren können – in diesen Raum, der das Jetzt ist.

Noch mehr über Sorgen

Zum Thema Angst und Sorgen gibt es noch mehr zu sagen. Auch wenn es Ihnen gelingt, den in der vorigen Übung skizzierten Zustand herzustellen, wird und darf Furcht nicht vollständig aus Ihrem Leben verschwinden. Es wäre riskant, wenn die Instinkte aus dem evolutionär ältesten Teil Ihres Gehirns keine Warnsignale bei echter Gefahr für Ihr Wohlergehen mehr aussenden würden. Die Urangst bei Bedrohungen der Existenz oder der Unversehrtheit ist so alt wie die Evolution selbst, und wir wären Narren, wollten wir auf diese Gabe verzichten. Zumal wir im Rückblick auf die letzten beiden Jahrzehnte feststellen müssen, dass der Mensch sich kaum verändert hat. Ein russisches Sprichwort trifft den Nagel auf den Kopf: *Fürchte den Bock von vorn, das Pferd von hinten und den Menschen von allen Seiten.* Mit der Furcht, von der ich im vorigen Kapitel schrieb, sind die *irrationalen* Auswüchse unserer Phantasie gemeint. Signale realer Gefahr dagegen sollen und müssen wir demgegenüber willkommen heißen, weil sie als Helfer und nicht als Plagegeister auftreten. Das Problem besteht darin, die eine Sorte Ängste von den anderen zu unterscheiden. Und hier hilft eine Fähigkeit, die wir ebenfalls besitzen, aber leider weniger häufig benutzen, als es gut für uns wäre. Es ist unsere Fähigkeit zum kritischen Denken. Kritisches Denken ist imstande, unsere irrationalen Ängste aus den begründeten herauszufiltern. Und irrational sind in der Regel die meisten dieser destruktiven Gefühle. Was dann übrig bleibt, sollte freilich die Alarmglocken in uns schrillen lassen und unverzüglich Handeln auslösen.

Der Aufenthalt im zeitlosen Raum des Jetzt, in dem Sorgen über zukünftige Ereignisse die Gegenwart belasten, löst für sich allein allerdings noch keine Ihrer tatsächlich vorhandenen Schwierigkeiten auf. Unbekümmertheit entbindet Sie nicht von aller Verantwortung. Im Gegenteil, in Ihre Beziehung zur Realität muss Klarheit einkehren, damit Sie fähig sind, eine brisante Situation so einzustufen, wie sie tatsächlich beschaffen ist. Das Denken eines Menschen des Tao ist weit entfernt von der Mentalität eines liederlichen Menschen, der jede Menge Ärger, Schulden und Feinde hat und von einem misslingenden Projekt ins nächste stolpert, aber prahlt, dies alles mache ihm nichts aus. Inga, eine Leserin, schrieb mir einmal, ihr Freund habe zwar kein Interesse am Taoismus und auch an keiner anderen Philosophie, aber er sei der Prototyp des Taoisten. Sie berichtete, dass der gute Mann nichts ernst nahm, er würde in den Tag hinein leben, sich nicht um Geld oder regelmäßige Arbeit kümmern und auch sonst könne man sich kaum auf etwas verlassen, was er sage. Ich antwortete Inga höflich. Ich sah keine Notwendigkeit, ihr meine Zweifel an den Qualitäten ihres Gefährten per Brief mitzuteilen. Später lernte ich sie bei einem Seminar persönlich kennen, wo wir die Unterhaltung über ihren Freund fortsetzten. So vernahm ich, dass der Bursche bei ihr wohnte und sie für alle Kosten des Lebensunterhaltes aufkam. Ich erklärte Inga, der Mann sei kein Taoist, er könne noch nicht einmal für die Karikatur eines Taoisten herhalten, er sei nichts weiter als ein Schmarotzer. Ich riet ihr, dem Herrn einmal den Geldhahn zuzudrehen und zu beobachten, ob er dann trotzdem weiter seine Nonchalance behielt oder aus der Rolle fiel.

Das Verschwinden von Sorgen aus Ihrem Leben bewirken zwei sich gegenseitig beeinflussende Elemente: Das eine ist, wie im vorigen Kapitel beschrieben, die Entdeckung des Ich-freien Raumes in Ihrem Bewusstsein, doch das ist erst die halbe Lösung. Das zweite Element bildet das Wissen um die Art und Weise, wie Sie Besorgnis erregende Herausforderungen durch intelligentes, fehlerfreies Handeln aus der Welt schaffen können. Unser Problem beim Umgang mit Sorgen besteht doch hauptsächlich darin, dass uns in vielen Situationen das Wissen über die nötigen Entscheidungskriterien fehlt und wir keine Ahnung haben, was richtig und was falsch ist. Bei allen Entscheidungen in existenzrelevanten Krisen drückt mich doch viel zu oft die Furcht vor Fehlern. Ich erinnere mich, wie ich früher manchmal wünschte, ich könnte einen wichtigen Brief wieder aus dem Kasten holen und ihn neu formulieren, weil mir über Nacht Bedenken gekommen waren. Uns mangelt es vielfach an Mut oder an den Mitteln, um Schwierigkeiten beizukommen. Wir vermögen die Reaktionen der an unseren Problemen beteiligten Menschen nur schwer abzuschätzen, und – Krankheit und Naturkatastrophen ausgenommen – wir haben es bei unseren Konflikten eigentlich immer mit menschlichen Belangen und Interessen zu tun. Diese unüberschaubaren Zusammenhänge erzeugen jene Gefühle der Ohnmacht, die uns so ängstigen.

Die andere Hälfte der Lösung, das zweite Element, das ein gelungenes, sorgenfreies Dasein möglich macht und das in jeglicher Situation, so unübersichtlich und undurchschaubar sie sein mag, unfehlbar wirkt, ist Wu wei, das Prinzip des Nichthandelns. Wu wei bedeutet nicht, dass wir wie Ingas Freund die Krisen aussitzen und durch Passivität Entscheidungen ausweichen – wobei zu bemerken wäre, dass ich mit dieser Art von Nichtstun durchaus etwas entscheide, ich entscheide mich nämlich dafür, nichts zu unternehmen. Und noch ein Fehler muss vermieden werden, wenn Nichthandeln gelingen soll: Unsere sämtlichen Maßnahmen im Kampf ums Dasein basieren auf der Überzeugung, dass die Dinge, mit denen wir zu tun haben, getrennt voneinander existieren. Wir isolieren ein Problem, schälen es aus anderen, weniger drängenden heraus und versuchen es zu lösen. Wir stopfen ein Loch und reißen in der Regel dafür zwei andere auf. Wir behandeln jede Schwierigkeit losgelöst vom Rest unserer Gesamtsituation, ähnlich wie ein Chirurg bei einer Blinddarmoperation nur die Stelle freilässt, an der er arbeitet, während der Rest des Körpers verdeckt wird. Nun gehört es aber, wie ich im ersten Kapitel bereits erwähnte, zum taoistischen Denken, dass jedes Ding im Universum zu jedem anderen in Beziehung steht. Und dass Harmonie dann eintritt, wenn jedes Ding sich in Übereinstimmung mit allen anderen verwirklichen kann. Die Wirkkraft von Wu wei wird geschwächt, wenn Sie sich bei der Eliminierung chronisch Besorgnis erregender Zustände nur auf einzelne kritische Punkte konzentrieren. Das Tao wirkt heilsam in Ihr Leben hinein, wenn Sie es mit allen seinen Freuden und Leiden als Ganzheit behandeln, eine Ganzheit, die auch Ihre außerhalb Ihres Körpers existierenden Probleme in Ihre Identität einbezieht.

Wenn es gelingt, einem einzigen Ihrer Probleme auf ganzheitliche Weise zu begegnen, *indem Sie nach keiner Lösung ausschauen*, sondern es nur brennend und leidenschaftlich als Ganzes zu verstehen versuchen, nichts weiter, als zu verstehen, wie es wirklich beschaffen ist – wenn Ihnen dies gelingt, werden Sie damit ein Werkzeug des Handelns entdecken, das Sie allen ferneren Herausforderungen des Schicksals gelassen begegnen lässt.

–

Einige Hinweise, wie es geschehen könnte, habe ich in das Gespräch eines Taoisten mit einem Arbeitslosen gekleidet – ein Problem, das in unseren Tagen leider viele Menschen trifft und ihnen die Freude raubt. (T: Taoist, A: Arbeitsloser)

A: «Wenn ich selbst das Tao bin, wie du behauptest, dann wäre ich ja Gott gleich. Falls das stimmt, frage ich mich, warum es mir dann so schlecht geht und ich nichts dagegen tun kann.»

T: «Mal sachte mit der Braut. Du kannst erstens Gott und das Tao nicht in einen Topf werfen. Nach deinem Glauben ist Gott der Schöpfer aller Dinge, und er ist getrennt von ihnen, steht gewissermaßen darüber und sorgt von dieser erhabenen Position aus, dass die Welt im Lot bleibt. Und wenn du zu Gott betest und um Hilfe bittest, um einen Arbeitsplatz zum Beispiel, dann erwartest du, dass er vom Himmel herab eingreift. Und wenn der Arbeitsplatz dann ausbleibt, sagst du dir eben, du hast dich beim Einhalten der göttlichen Gebote nicht genug bemüht – du warst nicht brav genug, nicht würdig für eine Erhörung deines Gebetes um Arbeit.»

A: «Und das Tao? Wenn man es nicht mit Gott, der dem unbußfertigen Sünder die Hilfe verweigert, verwechseln darf, reagiert es denn gnädiger, wenn dieser Sünder dringend einen Job braucht?»

T: «Das Tao funktioniert so überhaupt nicht. Der Urgrund, aus dem alle Dinge hervorgehen, ist der unbewegte Beweger, er tut nichts, und doch bleibt nichts ungetan. Das Tao in seiner Eigenschaft als Quell aller Dinge ist zugleich von einer kosmischen Stille, ja Gleichgültigkeit, es ist phantastisch ursprünglich und kreativ und jenseits aller Zeit, in der – und das ist für dich zunächst schwer zu verstehen – auch alle Liebe des Universums enthalten ist.»

A: «Wenn es sich mit dem Tao so verhält, dann ist meine Sache wirklich reif zum Aufgeben. Ich glaub, ich geh und kauf mir einen Strick.»

T: «Ist sie nicht – du schüttest, wie man so schön sagt, das Kind mit dem Bade aus. Hör lieber zu: Das Tao ist nicht nur der Urgrund, der Verursacher aller Dinge geblieben – es ist die Dinge, die aus ihm hervorgehen und wieder dorthin zurückfließen selbst. Das ist der Unterschied. Und wenn das Tao, sozusagen in Personalunion die Dinge selbst ist, dann ist es auch du und ich. Es ist alles, es gibt nichts, was das Tao nicht ist.»

A: «Schön und gut, aber dafür kann ich mir auch nichts kaufen.»

T: «Sei nicht so voreilig. In dem Augenblick, da du das erkennst, nämlich dass du und das Tao eines seid, dann kannst du daraus doch logisch folgern, dass dieser unbewegte Beweger, diese immense kosmische Energie, ebenso zu deiner Identität als Individuum gehört wie dein Name und dein Körper, samt deinem Gehirn, das so krude Gedanken wälzt. Und diese Energie, die zugleich Intelligenz ist, jene Intelligenz, welche das ganze Universum erfunden hat, kann unter bestimmten Voraussetzungen in dir wirksam werden – und dann ist auch deine Arbeitslosigkeit kein Problem mehr.»

A: «Also, wenn ich richtig verstanden habe, brauche ich bloß daran zu glauben, dass ich das Tao bin, dass es in mir ist, und dann kriege ich demnächst einen neuen Job.»

T: «So funktioniert das leider nicht. Du denkst in dem Muster einer westlichen Religion. Du verfällst dem Wahn, man brauche nur genügend zu glauben und dann gerieten die Dinge ins Lot. Und wenn sie es nicht tun, dann bleibt dir immer noch als Trost die Ausrede, dein Glaube sei eben nicht stark genug für die Lösung des Problems gewesen.»

A: «Jetzt nimmst du mich auf den Arm. Wenn ich nichts glauben darf, wie kann das Tao dann eingreifen? Ich wette, dein Tao erhört auch keine Gebete.»

T: «Diese Wette würdest du gewinnen. Aber du brauchst dem Tao, das du selbst bist, keine Gebete zu schicken. Du müsstest – das klingt schon ein bisschen komisch – zu dir selbst um eine neue Stellung beten. Doch Schluss mit diesen Spekulationen. Um Hilfe aus dem Tao zu gewinnen, sind andere Schritte nötig, und diese Schritte konzentrieren sich nicht auf ein einziges kleines Problem, um dessentwillen du bereit wärst, zum Taoismus zu konvertieren. Dir geht es doch einzig darum, eine neue Stellung zu finden, und da wäre dir inzwischen jedes Mittel recht, nicht wahr?»

A: «Ich würde wie Faust sogar einen Pakt mit dem Teufel schließen, um endlich aus dieser Misere herauszukommen.»

T: «Das kannst du billiger haben. Das Tao ist wie ein Spiegel auf dem Grund deines Bewusstseins. Dieser Spiegel reflektiert alles, was sich in deinem Leben und in der Welt um dich her ereignet. Dieser Spiegel nimmt ebenso deine Gedanken und Gefühle auf, wie immer sie sich in ihrem ständigen Wechsel ausdrücken. Das ist die Ausgangssituation, und es würde für den Anfang genügen, wenn du die Möglichkeit einräumst, dass es sich in deinem Innenleben so, wie ich es eben beschreibe, verhält.»

A: «Na gut, das mit dem Spiegel kann ich mir vorstellen. Während ich dir zugehört habe, bin ich sogar einen Schritt weiter gegangen und habe realisiert, dass eigentlich mein ganzer Wahrnehmungsapparat, jede Faser meines Organismus bis hin zu den Hirnzellen diesen Spiegel bilden. Er ist wie blank poliert, solange meine Gedanken und meine verzweifelten Wünsche nicht wie Hagel darauf prasseln.»

T: «Stimmt genau, dein Bewusstsein ohne den Lärm der Gefühle und Gedanken ist dieser Spiegel, ist das Tao.»

A: «Aha, dann brauche ich also nur den Denk- und Gefühlsapparat anzuhalten, und das Tao und ich stehen uns gegenüber.»

T: «Du fällst wieder in deine Milchmädchenrechnungen zurück. Deine Formel geht nicht auf, denn wenn dein Denkapparat den Mund hält – ich bezweifle, dass er das länger als ein paar Sekunden schafft –, dann gibt es in dir drinnen niemanden mehr, der dem Tao gegenüberstehen und ihm ergo begegnen kann.»

A: «Einige Momente dachte ich, ich hätte dich verstanden, aber jetzt bin ich wieder voll aus der Kurve. Ich denke, ich geh mich jetzt von meinem letzten Geld besaufen.»

T: «Habe noch ein wenig Geduld. Rom wurde auch nicht an einem Tag erbaut. Was ich dir zu vermitteln suche, ist nur für den Verstand so ungewohnt. Die Philosophie der alten Taoisten versteht der Dorftrottel wahrscheinlich besser und leichter als der Klassenprimus. Ich verlange nicht, dass du deinen Verstand ausschaltest, das gelingt ohnehin nicht – oder nur zur Paarungszeit, aber versuche doch bitte, während du mir zuhörst, nicht im Geist mit mir zu argumentieren. Lass einfach die Worte auf dich einwirken, ohne sie abzulehnen. Du brauchst sie auch nicht anzunehmen. Lass sie stehen, wie sie sind. Es geht bei unserem Problem ganz und gar nicht darum, ob du deine Gedanken beherrschen kannst und Herr deiner Gefühle bist, es geht darum, ob du bereit bist, dein Bewusstsein, wie wir es beschrieben haben, als die Präsenz des Tao zu erkennen. Ohne Glauben, ohne durch dein Akzeptieren in ein neues, anderes Rollenspiel zu verfallen. Gehe einfach davon aus, dass dein Lebensgefühl an sich bereits alles Unbekannte, Unbeantwortete des Seins enthält. Gib den intellektuellen Widerstand gegen etwas Neues, schwer Verständliches auf. Denn mit diesem Aufgeben tust du zugleich den ersten Schritt in Richtung der Lösung deines Problems.»

Hier folgt eine längere Pause, dann fährt A fort: «Wenn ich den Widerstand dagegen aufgebe, dass mein Lebensgefühl, der Grund meines Bewusstseins, das Tao ist, dann bekomme ich Angst, niemand mehr zu sein. Ich habe dann das Gefühl, zum Nichts, zur Unperson zu werden, wenn meine Identität so vollständig im Hintergrund verschwindet. Es ist eh schon schlimm genug, wenn meine Arbeitslosigkeit mich an den Rand der Gesellschaft zu drängen beginnt.»

T: «Mit dem Aufgeben der Illusion vom Individuum, das von allem, was außerhalb seiner Haut liegt, getrennt ist, verändert sich an deinem gesellschaftlichen Status überhaupt nichts. Der Zustand des Zusammenhangs mit dem Ursprung aller Dinge existiert von Anbeginn, du gibst nur einen Wahn auf, den Millionen oder sogar Milliarden mit dir teilen, das ist alles. Und mit dem Verblassen des Subjekts, das um seine Existenz ringend 90 Bewerbungen vom Stapel ließ, tritt eine andere Wirkkraft in dein Leben – vorausgesetzt, du bleibst so konsequent bei der neuen Einsicht, wie du in deinem bisherigen Leben bei der falschen verharrt hast.»

A: «Das klingt zu schön, um wahr zu sein. Lass mich nochmal wiederholen, ob ich recht verstanden habe: Wenn mir dämmert, dass mein Bewusstsein ohne die darauf einwirkenden Denkprozesse und Gefühlsbewegungen, die auf der anderen Seite schließlich mich, den individuellen Menschen, definieren und von seinen Erfahrungen unterscheiden, wenn mir klar wird, dass dieses reine Bewusstsein das Tao pur ist, wenn ich das als Tatsache festhalte – es nicht glaube, sondern als veränderte Grundannahme bewahre –, dann ändert sich mein Schicksal. Wie das passieren soll, ist mir freilich nach wie vor unklar. Und wenn es so ist, zerstört denn dann mein Denken und eine möglicherweise verkehrte Art zu fühlen diese Beziehung nicht rasch wieder?»

T: «Bei der ganzen Geschichte ist dein Ich oder Selbst oder wie du dich nennst, nur insoweit beteiligt, als du bereit bist, dich zu der Einsicht durchzuringen, dass du als Individuum mehr oder weniger das Abfallprodukt deiner Erfahrungen und Erinnerungen bist, das nur durch seine niemals Atem holenden Denkprozesse verhindert, dass es sich als das Nichts erlebt, das es tatsächlich ist. Dein Hirn gelangt zur Einsicht dieser Tatsache und lenkt seine Aufmerksamkeit auf die Hauptsache – auf das Bewusstsein und auf dessen unmittelbares Erleben. Das ist alles, was du tun kannst. Das Tao, das Unermessliche, bricht von innen her zu dir durch. Damit übernimmt eine außerordentliche Intelligenz das Ruder deines Lebens und sendet dir in allen Situationen und Herausforderungen seine Signale. Du wirst dein Handeln künftig nach völlig anderen Kriterien als bisher ausrichten. Alle Anstrengung, alle Qual der Wahl des richtigen Entschlusses fällt fort. Alles Erleben wird sich weiterhin in deinem Bewusstsein spiegeln, auch deine Gefühle und Gedanken. Aber es wird in Zukunft keinen Denker von Gedanken und Fühler von Gefühlen mehr geben, der getrennt von diesem Spiegel existiert.»

A: «Ich habe tatsächlich, welch ein Wunder, verstanden. Ich ändere meine Einstellung, drehe mich eigentlich nur um einige winzige Grade von mir weg auf das Ganze zu. Das Tao, das der Spiegel in mir ist, nimmt alles Geschehen auf und gibt die Impulse zur Tat, ohne dass ich mir den Kopf darüber zerbrechen muss, wie ich mich entscheide. Was, meinst du, wird dann bezüglich der von mir gesuchten Stellung passieren?»

T: «Warst du in deinem Beruf eigentlich glücklich?»

A: «Genau besehen – nein. Ich habe den Beruf nur gewählt, weil ich dafür einen Studienplatz bekam. So wurde ich Ingenieur, wo ich lieber Innenarchitekt geworden wäre. Und die Vorstellung, vierzig Jahre lang vierzig Stunden in der Woche, nur vom kargen Urlaub unterbrochen, ewig angebunden und den Launen von Vorgesetzten ausgesetzt zu sein, die oft weniger vom Fach verstanden als ich, machte mich krank.»

T: «Vielleicht war dann die Arbeitslosigkeit der Katalysator, der dich nachdenklich genug stimmte, dass du dich mit einer Lösung im Sinne des Taoismus beschäftigt hast. Ich hoffe, du wirst tun, was wir besprochen haben. Es wird sich zeigen, ob sich für dich nicht bald andere Türen auftun. Du wirst dann freilich hindurchgehen müssen, ohne Zaudern, ohne Rückversicherung. Und du wirst noch etwas anderes lernen: dass im Sinne der taoistischen Philosophie jedes deiner Probleme mit jedem anderen zusammenhängt. Du kannst sie nur als Ganzes angehen. Es ist töricht, nur ein einziges herauszunehmen und um seine Lösung zu ringen. Behalte den Überblick über alle Elemente deines Lebens und überlass dich dem Lauf der Dinge. Wenn mit zunehmendem Gelingen dein Vertrauen in die Wirkkräfte des Tao – die schließlich deine eigenen sind – wächst, wirst du dir bald nicht mehr vorstellen können, wie du früher überhaupt zurechtgekommen bist.»

Missgunst contra Einklang mit den Dingen

Anita Hagen stand zur Mittagsstunde in der Küche vor ihrem Gasherd und rang die Hände. Die Garantiezeit für den Herd war vor wenigen Wochen abgelaufen – und heute hatte der kleine eingebaute Küchenwecker den Geist aufgegeben, mit dem man die Garzeiten einstellen konnte und der so zuverlässig läutete, wenn es so weit war. Von einem Augenblick zum anderen verlor der Herd, blank poliert, wie es sich gehörte, für Anita jeden Wert. Sie überlegte, ob sie ihren Mann im Geschäft anrufen und ihn um Rat fragen sollte. Doch dann fiel ihr ein, dass auf der Garantiekarte auch die Kundendienststellen des Herstellers samt Telefonnummern angegeben waren. Sie wählte die Nummer der Firma, die in ihrem Bereich für den Service zuständig war. Vorsorglich hatte sie sich auch die Typennummer ihres Herdes notiert. Wegen der Mittagspause erreichte sie den Kundendienst erst zwei Stunden später. Nach einiger Verwirrung, die von Anita ausging, war das Problem geklärt. Man würde die Uhr austauschen und stellte ihr einen Termin in den nächsten acht Tagen in Aussicht. Was es denn kosten würde, fragte sie zum Schluss noch. Der Betrag, den der Mann am anderen Ende der Leitung so leichthin nannte, verschlug ihr die Sprache. «Aber das ist ja beinahe die Hälfte des Preises, den wir damals für den Herd bezahlt haben», keuchte sie und annullierte empört den Auftrag.

Am frühen Abend bekam ihr Mann, von der Arbeit heimkehrend, die volle Breitseite ihrer Empörung ab. «Diese Gauner», schimpfte Anita, «der Gasherd ist gerade zwei Jahre alt, und jetzt kannst du dir für das Geld, das zwei dieser mickrigen Ersatzteile kosten, einen neuen kaufen.»

«Diese Eieruhren oder wie die Dinger heißen gibt es doch auch einzeln für ein paar Euro zu kaufen. Warum machst du so einen Aufstand?», erkundigte sich Hagen, der seine Frau kannte, vorsichtig.

«Ich will die Originaluhr haben, sonst schmeiße ich den Gasherd auf den Sperrmüll und kaufe mir einen neuen, aber diesmal ein Fabrikat, dessen Service nicht von Gangstern betrieben wird. An dem alten habe ich keine Freude mehr.»

«Warum um Himmels willen muss es denn ein neuer sein? Denk doch mal nach: Die Welt ist nirgends vollkommen – und wir sind es auch nicht», fügte er unüberlegt hinzu.

«Eben, du sagst es», fauchte Anita. «Dann soll wenigstens mein Lebensbereich so vollkommen wie möglich sein.»

«Kompensierst du damit nicht nur deine eigenen Unzulänglichkeiten?», gab Hagen zurück und merkte zu spät an der grimmigen Miene Anitas, dass er soeben vermintes Gelände betreten hatte.

–

Überlassen wir die Hagens ihrem Streit und wenden uns den eigenen Befindlichkeiten zu. Es gibt im Taoismus eine Art Wohlfühl-Empfehlung, wie man mit den Dingen in Einklang steht. Zu diesen Dingen gehören auch die Objekte unserer persönlichen Umgebung. Mir ist bewusst, wie sehr der Mensch sich nach perfekten Zuständen in seinem Lebensbereich sehnt und wie wichtig es ihm ist – besonders Freunden und Nachbarn, aber auch Fremden gegenüber –, bis ins Detail hinein vorzeigbare Wohnungen, Häuser, Gärten und sogar Katzen und Hunde zu besitzen. Ich erinnere mich, als wir hier mit viel Mühe den alten Weinbauernhof La Costa restauriert hatten – wobei wir unbedingt den schlichten Charakter des Anwesens zu erhalten suchten –, war der Kommentar des ersten Schwaben, der uns hier aufsuchte: «Do hennd'r awwer no viel z'mache», was auf Nichtschwäbisch «Da habt ihr aber noch viel zu machen» heißt.

Seitdem ich mehr als früher auf meine inneren Regungen achte, fällt mir auf, dass diese Sehnsucht nach Vollkommenheit tief in uns verankert ist. Wenn ich am Sonntagmorgen durch meinen Rosengarten gehe, lauert die Versuchung an jeder Ecke, statt des Schweizerkäses nur die Löcher zu sehen. Da müssen welkende Blüten abgeschnitten werden, dort wächst schon wieder der Löwenzahn aus dem Wurzelbereich eines Strauches heraus, weiter vorne ist der Boden so trocken, dass ich am liebsten sofort mit der Gießkanne angerannt käme – und so geht es weiter. Wenn ich nicht achtsam bin, laufe ich blind für das Blütenmeer durch den Garten. Das Gleiche gilt für den Zustand unserer Gebrauchsgegenstände. Irgendwie ist uns doch wichtig, dass wenigstens sie eine gewisse Perfektion ausstrahlen, da wir selbst uns viel zu oft als zu unvollkommen, als zu unzulänglich empfinden. Was ist das für ein Frust, wenn Ihnen auf dem Parkplatz vor dem Supermarkt ein rücksichtsloser Mensch einen Kratzer im Lack Ihres neuen Golf gemacht hat. Wie sehr wünschen Sie sich auch noch nach dem Abklingen des ersten Ärgers die Unversehrtheit des Autos zurück. Die frei erfundene Reaktion von Anita Hagen ist durchaus lebensnah. Ein Fleck Rotwein auf der kleinen seidenen Perserbrücke, ein Sprung im Glas eines Aquarells an der Wand oder das leichte Schiefhängen, weil der Haken nicht präzise zentriert ist – die Liste der Mängel, die unseren Seelenfrieden stören, ließe sich seitenlang fortsetzen.

Was können wir angesichts dieser Sehnsucht nach Perfektion unternehmen, um mit den Dingen in Einklang zu gelangen? Ich könnte natürlich sagen, was soll es, wenn mir etwas nicht passt, dann ändere ich es einfach, und damit hat es sich. Damit hat es sich leider nicht, liebe Leserin, lieber Leser. Denn nach jeder Eliminierung eines Störfaktors wird sich bald ein neuer finden. Weil wir *etwas* bedauerlicherweise nicht ruckzuck auswechseln können: uns selbst! Das Problem steckt nicht in den Gegenständen. Es steckt auch nicht in erster Linie in unserem Wunsch nach Harmonie. Es steckt in unserer inneren Haltung.

Das Hauptproblem ist also unsere Unzufriedenheit. Sie hindert uns daran, mit den Dingen in Einklang zu leben: weil die meisten Menschen nicht in sich selbst ruhen und mit dem, was sie sind und haben, zufrieden sein können. Ein Mensch hingegen, der mit sich in Einklang lebt, lebt auch mit seiner Umgebung in Einklang. Das bedeutet nicht, keine Wünsche nach Veränderung, nach Besserung mehr zu haben – aber es bedeutet, trotz Wünschen und Visionen das, was man hat, zu schätzen.

Ich möchte Ihnen eine kleine Übung an die Hand geben und Sie bitten, sie hin und wieder auszuführen: Betrachten Sie die perfekten wie auch die unvollkommenen Elemente Ihres Lebensbereiches, als ob Sie für immer von ihnen Abschied nehmen müssten, als ob es der letzte Tag in Ihrem Leben wäre, wo Sie diese zu Gesicht bekämen. Sie müssen deswegen nicht periodisch in Trübsal versinken, ganz im Gegenteil! Aus einer solchen unscheinbaren Übung entwickelt sich eine Sichtweise, die viel dazu beiträgt, Einklang und Harmonie zwischen Ihnen und Ihrem Umfeld herzustellen. Sie werden begreifen, dass die kleinen Unzulänglichkeiten und Mängel völlig unwichtig sind und es sich nicht lohnt, sich darüber aufzuregen. Erinnern Sie sich an Krankheitstage, die Sie ans Bett gefesselt hatten. Wie neu erschien Ihnen danach die Welt, obgleich sie Ihnen nur für kurze Zeit entzogen war.

–

Zum besprochenen Thema passt ein Text, den ich 1998 geschrieben habe und der Teil eines Kapitels über Freiheit ist. Er steht in einem anderen meiner Bücher[7], das in einem kleinen Verlag erschienen und entsprechend wenig bekannt ist. Der Textauszug spricht präzise zur hier besprochenen Sache:

Ich kenne eine recht wohlhabende Dame mit einem gut eingerichteten, durchgestylten Haus. Eines Tages entdeckte sie im Haus ihrer Nachbarin einen Kronleuchter, größer, schöner und vor allem teurer als der ihre – und spontan war es um ihren Seelenfrieden geschehen. Ihr Mann musste sofort mit ihr in die Kreisstadt fahren, wo sie sich leider vergeblich nach einem noch eindrucksvolleren Stück für die gute Stube umsah. Die Frau ruhte und rastete nicht. Die Suche nach einem Leuchter, bei dessen Anblick die Nachbarin, so hoffte sie, vor Neid in Ohnmacht fallen würde, wuchs sich zur Odyssee aus, bis man endlich in einer entfernten Großstadt das Monster fand, das den Salon infolge seines Missverhältnisses gründlich verunstaltete. Die erwähnte Dame hat sich mehrfach ein Armutszeugnis ausgestellt. Erst einmal passte die Riesenlampe überhaupt

7 Theo Fischer, *Tendenzen des Wachstums*, S. 117

nicht zum Raum – sie hing nur da, um damit angeben zu können. Zum anderen hatte unsere Dame sich im Charakter ihrer Nachbarin gründlich verschätzt – der war es nämlich piepegal, was andere mit ihrem Haus anstellten, Hauptsache, das ihre war harmonisch eingerichtet. Die neidische Frau hatte außer ihrer eigenen hässlichen Reaktion noch den Fehler begangen, dass sie ihren missgünstigen Charakter auch der Nachbarin andichtete.

Mit dieser Story habe ich ein extremes Beispiel menschlicher Missgunst angeführt. Aber einmal Hand aufs Herz: Kommt uns diese Art Reaktion nicht bekannt vor? Bei uns freilich in gemäßigter Form, aber sie tritt dennoch bei bestimmten Anlässen garantiert auf. Es ist verständlich, dass die Erfolge und Besitztümer anderer Leute gelegentlich das Verlangen in uns auslösen, ebenso viel oder möglichst noch mehr davon zu haben. Und es fällt uns im Allgemeinen leichter, Menschen zu mögen, die weniger haben als wir oder höchstens gleich viel, wohingegen wir uns bei materiellem Übergewicht unseres Gegenübers mit Sympathien schwerer tun. Verrückterweise passieren uns diese Neidreaktionen bei der Begegnung mit großen Geistern nicht so häufig. Auf Menschen, deren innere Ausgeglichenheit und psychische Stabilität unseren Neid erregen könnten, treffen wir zu selten. Wenn uns ab und zu eine Frohnatur über den Weg läuft, stellt sich bei genauerem Hinsehen oft genug heraus, dass es sich entweder um einen Träumer handelt, der anderen und vor allem sich selbst etwas vormacht, oder um einen Blender, der ständig den glücklichen Menschen spielen muss und so seine innere Armut zu verbergen sucht.

Unser Glück und die Freude an Dingen, die in unserem Besitz eine Sonderstellung einnehmen, hängen häufig am berühmten seidenen Faden, wenn wir entdecken müssen, um wie viel attraktiver, besser, wertvoller das Auto, der Garten, der CD-Player, die Couchgarnitur – oder die Geliebte anderer Leute sind. Besitztümer, einschließlich Partnerschaften, die wir vor dem Einbruch von Neid in unser Gemütsleben durchaus als befriedigend erlebt haben, verlieren unversehens ihre Qualität. Zugegeben, im Großen und Ganzen verdrängen wir das Gefühl leiser Enttäuschung, aber unter der Oberfläche gärt es weiter. Manchmal genügt ein winziger Anlass, ein Streit, eine leere Autobatterie, ein Riss im Sesselbezug, Sternruß auf der Kletterrose, und unsere Unzufriedenheit explodiert. Wir rationalisieren unseren Frust und erfinden fadenscheinige Vorwände, mit denen wir dringende Neuanschaffungen oder die Trennung von einem Lebenspartner rechtfertigen. Wo liegt die tiefere Ursache für diese Anfälle von Missgunst, Neid und Unzufriedenheit? Warum fliegt das Glück zum Fenster hinaus, sobald wir etwas Besseres, als wir selbst haben, entdecken? Fehlendes Selbstvertrauen ist der häufigste Auslöser. Solange Sie Ihr Selbstwertgefühl aus Ihrem Besitz und den Mitteln gewinnen, mit denen Sie sich nach außen darstellen, werden Sie ewig unter Konkurrenzdruck stehen. Im Miniaturformat gleicht es dem Wettrüsten der Supermächte. Es ist die Angst, nicht mithalten zu können, die für die Abwertung des Eigenen verantwortlich ist. Bei Kindern ist das Mithaltenmüssen inzwischen zur Seuche geworden. Sie bedrängen die Eltern, ihnen die angesagtesten Designerjeans und die teuersten Joggingschuhe zu kaufen, weil die Kleinen sonst keinen Zugang zu den üblichen Cliquen bekommen und als Außenseiter sogar misshandelt werden. Leider sind die Älteren keinen Deut besser. Ich beobachte oft, wie junge Paare sich für den ersten Hausstand notorisch verschulden, weniger um eines kuscheligen Heimes willen – für diesen Zweck ließe sich manches vom Sperrmüll holen – als aus dem Bedürfnis, eine Neid erweckende Wohnung vorzeigen zu können. Dafür leihen sie von der Bank Zehntausende und zahlen einige Jahre daran ab. Das neue, fremd finanzierte, repräsentative Glück lockt seinerseits wieder andere Paare aufs Eis, schließlich will man mithalten oder, noch besser, übertrumpfen. (Ich habe schon Apartments erlebt, die zwar überaus nobel waren, aber mich hätten keine zehn Pferde zum Wohnen da hineingebracht, nicht einmal für eine Woche. Die Einrichtung durchgestylt, kühl, funktionell, grässlich ungemütlich und, falls die Form es fordert, obendrein noch unbequem. Sie sitzen als Gast mit steifem Kreuz auf dem Hocker ohne Lehne an der gekachelten Küchenbar. Vorbeugen geht nicht, weil Sie sich sonst den Kopf an den schicken kupfernen Pendelleuchten der Durchreiche anstoßen. Sie klammern sich mit beiden Beinen verkrampft am metallenen Tritt des Hockers fest und grübeln, wann endlich die Qual des Frühstücks zu Ende ist, zu dem Bekannte Sie liebenswürdigerweise in ihr neues Heim eingeladen haben.)

Der tragische Irrtum bei dem ganzen hektischen Wettbewerb ist, dass der erwünschte Effekt, nämlich größere Lebensqualität, ausbleibt. Ich muss begreifen, die Nachbarn, meine Freunde oder auch Fremde lieben mich nicht stärker, wenn ich mehr habe als sie oder wenn ich besser, geistig überlegener oder erfolgreicher bin. Dieser Zwang, aus unreflektierten Motiven das Rennen mitzulaufen, ist ein signifikantes Zeichen von Unfreiheit. Wir halten uns für Individuen und beanspruchen Willensfreiheit, aber dieser Wille wird zum Nachahmen, zum Kopieren eingesetzt, es ist längst kein freier Wille mehr, wenn wir uns durch das scheinbare Mehr der anderen einen Wettlauf aufzwingen lassen, den niemand gewinnen kann. Das Resultat von Neid und Missgunst kann niemals Frieden, Selbstwert und Harmonie sein. Wer ohne diesen sinnlosen Konkurrenzkampf ums äußere Ansehen lebt, ruht in dem, was er ist, und nicht mehr in dem, was er anderen vormachen muss. Ein Mensch, der erkennt, dass er nicht vom schöpferischen Prinzip oder vom Urgrund des Kosmos getrennt ist, hat Angeben und Vorzeigen nicht mehr nötig. *«Der kann's weit bringen in der Welt, der gar nicht fragt, ob er gefällt»*, schrieb der Dichter Gottfried Kinkel in einem seiner Gedichte.

Zwischenhalt

Halten wir beim Studieren der Möglichkeiten, sich das Leben schwer zu machen, ein wenig inne und wenden uns Wu wei, dem Prinzip des Nichthandelns, zu. In dem Brief, den ich auf Anfragen nach meinen Seminaren per Mail oder Post verschicke, steht, dass die Lebenskunst des Tao lernbar ist. Allerdings ist das Lernen, das ich meine, ein anderes, als wir es aus der Schule kennen und wie es in Lehrgängen über Sachthemen, aber auch über Meditation und Spiritualität in weiten Bereichen angewandt wird. Ich habe die übliche Methode vor vielen Jahren einmal bei der Ausbildung von Nachwuchs-Automobilverkäufern eingesetzt. Der Autokonzern stellte Tonbildschauen zur Verfügung, in denen der umfangreiche Stoff pädagogisch wirksam aufgebaut war. So gab es zu jedem Thema zunächst ein elektronisches Grundsatzreferat, illustriert selbstverständlich, dann folgten Testaufgaben und anschließend die Auflösungen zu den Aufgaben. Auf diese Weise wurden selbst unbedeutend scheinende Details des Schulungsmaterials dreifach wiederholt. Die Methode stellte sicher, dass die Kursteilnehmer das meiste von dem im Kopf behielten, was der Hersteller der Automarke an Informationen verbreiten wollte. Natürlich ließe sich an die Philosophie des Tao mit der gleichen Methode herangehen. Das Prinzip des Nichthandelns basiert auf Grundsätzen, die man in Form von Regeln und Testfragen als Lernstoff aufbereiten könnte. Womit man suchenden Menschen ein weiteres Glaubenssystem liefern würde. Ein Komplex an Glaubensinhalten würde dadurch nur durch einen anderen ersetzt. Ihnen Wu wei, das Prinzip des Nichthandelns, mit einer solchen Methode nahe zu bringen hieße, es erstens aus seinem untrennbaren Zusammenhang mit dem Tao selbst herauszulösen und zweitens Ihnen mit Worten etwas aufzudrängen, das Sie entweder annehmen oder ablehnen, es glauben und danach handeln oder es bleiben lassen können. Beim Versuch, sich dem Wesen des Tao zu nähern, sind Sie keineswegs in der Situation eines Menschen, der beispielsweise seines alten Berufs überdrüssig ist und Ausschau nach neuen Betätigungsmöglichkeiten hält. Sie befinden sich eher in der Lage eines Patienten beim Psychoanalytiker. Der Analytiker mag nach wenigen Sitzungen bereits erkennen, woran jemand leidet, aber es auf der Stelle zu erklären, würde lediglich dazu führen, dass der Patient jetzt mehr über sein Problem *weiß*, er hat sein Wissen um die Dinge erweitert, die ihm sein Analytiker erklärt hat. (Wobei manche Analytiker leider so vorgehen.) Um eine Befreiung vom psychischen Leiden zu erreichen, muss der Leidende von sich aus die Ursache entdecken – erst dann wird ein verantwortungsbewusster Therapeut ihm weitere Erklärungen zur Sache geben. Auch der Weg des Tao ist in einem sehr viel größeren Umfang eine Frage der Erkenntnis als des Wissens. Ein breites Wissen über die taoistische Philosophie ist natürlich kein Nachteil, aber es wäre ein Fehler, dieses Wissen der Qualität selbst gewonnener Einsichten in die Tiefen dieser alten Lehre gleichzusetzen.

Meine kleinen Geschichten und Dialoge sind im Grunde Hilfen zum eigenständigen Herausfühlen der Hinweise, die auf Lösungen im Geist des Tao deuten. Diese Hinweise mit den eigenen Situationen zu vergleichen ist eigentlich das Ziel meiner Unterweisung. Die nachfolgenden Erläuterungen, das Hervorheben von Antworten, die bereits in den voraufgegangenen Texten schlummern, birgt die Gefahr, dass ein bloßer Zuwachs an Wissen die Illusion von echtem Verständnis vortäuscht. Darum beende ich auch viele Kapitel mit einer kleinen Übung. Sie können dadurch selbst erfahren, ob Ihnen gelingt, was Sie sich vorgenommen haben, oder ob es bei vergeblicher, vielleicht sogar frustrierender Anstrengung bleibt. Kurz und knapp gesagt: Das Resultat offenbart, ob Sie etwas gelernt und es verstanden oder etwas gelernt und es nur Ihrem Wissen hinzuaddiert haben. Dennoch muss ich mich weiterhin der Sprache bedienen, wenn ich Ihnen die Prinzipien von Wu wei, dem Nichthandeln, erklären soll. Ich bin mir bewusst, dass ich damit primär Ihren Verstand und Ihr Vorwissen anspreche und darauf hoffe, dass Ihnen die folgenden Ausführungen nicht wie die berüchtigten böhmischen Dörfer vorkommen, sondern Sie mir mühelos folgen können. Aber es sollte Ihnen gelingen, nach dem Begreifen der

Tao-Philosophie die Ebene des bloßen Wissens zu verlassen und die Inhalte als wahr zu erleben, und zwar nicht weil ein Autor dies behauptet, sondern weil Sie es selbst so zu sehen vermögen, frei, unabhängig und unbeeinflusst, nur Ihrer eigenen Erfahrung verpflichtet.

Würde ich Wu wei isoliert vom Rest des taoistischen Denkens beschreiben, wäre die Sache ein wenig einfacher zu erklären. Das Prinzip des Nichthandelns bezieht mit ein, dass alle unsere Entscheidungen aufgrund von gemachten Erfahrungen getroffen werden, als sei die jetzige Situation identisch mit der vergangenen. Dabei ist sie in Wirklichkeit ganz anders. Was logisch zu der Schlussfolgerung führt, dass wir am besten unsere Entscheidungen *spontan* treffen. Sozusagen aus dem Bauch heraus. Spontanes Handeln kann durchaus auch ohne den Hintergrund der taoistischen Philosophie funktionieren – zumal blitzschnell aus dem Gefühl heraus gefällte Entscheidungen oft mehr taugen als die auf der Basis von Halbwissen und Spekulation getroffenen. Eine gewisse Instinktsicherheit würde bereits helfen, wenn wir uns nur von den Ängsten und intellektuellen Zweifeln befreien könnten. In Gefahrensituationen, wo wir ohne Zeit zum Nachdenken reagieren müssen, klappt es doch auch. Es gibt also bereits bei der üblichen Sicht auf die Dinge gute Gründe für Spontaneität. Eine weitere rein logische Begründung für die Nichteinmischung unseres Wissens bei Entscheidungen ist der Hinweis auf unsere Vorurteile, mit denen wir Herausforderungen begegnen. Wenn wir uns in einer Situation befinden, die unser Handeln verlangt – und sei es nur Stillhalten –, stülpen wir einem brandneuen, jetzt stattfindenden Vorgang die Vergangenheit über, indem wir sie mit Erinnerungen vergleichen, die wir aus ähnlichen, vergangenen Situationen gespeichert haben, und indem wir Informationen aus dem Gedächtnis ausgraben, wie wir damals entschieden hatten und welches Ergebnis dabei herauskam. Statt kreativ einer niemals vorher da gewesenen Situation gerecht zu werden, indem wir sie selbst zu Wort kommen lassen und ihr gestatten, sich vor uns auszubreiten und uns zu sagen, was sie für uns und unser Wohlergehen oder für unsere Sicherheit bedeutet, stülpen wir ihr kurzerhand das erstbeste Vorurteil über, das uns zum Szenarium einfällt. So kommen Beschlüsse zustande, die qualitativ oft nicht mehr taugen, als wenn wir eine Münze geworfen hätten.

So gesehen, könnte man auf das weitere Potenzial der taoistischen Philosophie verzichten, würden wir nur sensibler für die Botschaften unserer Intuition werden. Tatsächlich weiß ich von Berichten aus dem Kreis meiner Leserinnen und Leser, dass sie vielfach unabhängig von jeglicher Philosophie entsprechend positive Erfahrungen gemacht haben. Gelegentlich frage ich dann auch zurück, ob diese Erlebnisse denn genügend Mut erzeugt haben, intuitives Handeln zur Regel zu machen, und bekomme dann zur Antwort, dass dies doch zu unsicher sei und es sich eben leider um eher seltene Begebenheiten gehandelt habe. Es gibt noch einen Grund, warum spontanes Handeln ohne alle weiteren Voraussetzungen riskant bleibt. Man empfahl vor ein paar Jahren in etlichen Büchern, beim Handeln eine Mischung aus Verstand und Gefühl einzusetzen. Diese Verbindung würde bei Entscheidungsprozessen zu intelligenteren Lösungen führen und zugleich spontan und kreativ sein. Der Schwachpunkt dieser Empfehlung liegt in der Mixtur. Beim Auftritt einer unvorhergesehenen Krise beginnt der Verstand schlagartig zu rotieren und versucht mit der Situation fertig zu werden. Gleichzeitig kommt es zu einem heftigen Ausbruch von Gefühlen der Ratlosigkeit und Verwirrung. Nun sollen sich diese Gefühle mit dem Verstand zu einer intelligenten Synthese verbünden – aber leider geschieht in der Alltagspraxis genau das Gegenteil. Statt nach dem Überwinden des ersten Schocks eiskalt und klar zu überlegen, mischen sich Gefühle ins Denken ein und beeinflussen es. Und die Gedanken wiederum wirken auf die Gefühle ein, ohne dass ihnen gelingen würde, diese zu beruhigen. So streiten sich am Ende aufgewühlte, verwirrte Gefühle mit einem Verstand, der vergebens um Klarheit ringt. Wer es mit dem kombinierten Einsatz von Intellekt plus Gefühl schon einmal versucht hat, wird zustimmen: Die Theorie hat geholfen – aber nur den Autoren.

Um ein Leben in Harmonie mit den Dingen zu erfahren, ein gelungenes Leben, das weitgehend frei von Stress bleibt, gehört ein bisschen mehr dazu, als unsere Gefühle zu Kampfgefährten unseres Denkens zu machen. Und um es deutlich zu sagen: Gleich, wie viele laufende Meter Bücher über Methoden der Lebensverbesserung geschrieben wurden – aus taoistischer Sicht gibt es kein Patentrezept. Aber die Philosophie vom Tao stellt uns eine Anzahl von Möglichkeiten zur Verfügung, die jeder Mensch realisieren könnte, wenn er es nur wollte. Keines dieser Angebote für einen Wandel stellt hohe Ansprüche an unser Begriffsvermögen, es wird keine Gehirnakrobatik verlangt. Die einzige Forderung stellt sich aus der Natur der offerierten Möglichkeiten selbst: Sie wirken nur, wenn sie praktiziert, wenn sie als Einheit verstanden und gelebt werden. Und sie verlangen eine vollständige Aufgabe Ihrer bisherigen Grundannahmen über sich, Ihre Identität und Ihre Position in der Welt. Sollte sich in Ihnen nun die Frage rühren, welche neuen Grundannahmen anstelle der alten übernommen werden sollen, dann muss ich Sie enttäuschen – es gibt keine neuen. Eine der Weisheiten der taoistischen Lehre ist die Einsicht, dass zur menschlichen Freiheit gehört, ohne alle fundamentalen Überzeugungen seiner Wege zu gehen. Einfach deshalb, weil für ein glückliches Dasein keine gebraucht werden. Im Aufgeben Ihrer gewachsenen Meinungen und Ihrer Selbstbilder trennen Sie sich von aller Täuschung. Das Wahre muss weder geglaubt noch gewusst, noch durch irgendwelche Methoden hergestellt werden. Es ist einfach da, so wie es ist. Und um herauszufinden, wie es ist, braucht niemand eine vorgefasste Meinung. Indem Sie den Weg des Tao einschlagen, ohne dass Ihnen zu diesem Zweck eine Menge Theorie aufgeladen wurde, können Sie dem Leben – vielleicht zum ersten Mal seit Ihrer Kindheit – mit den unschuldigen Augen eines Säuglings begegnen und es so sehen, wie es tatsächlich beschaffen ist.

Laotse verwendet als Sinnbild für das Wirken des Tao das fließende Wasser. Es scheint der weichste, nachgiebigste Stoff der Welt zu sein, und dennoch höhlt es mit der Zeit den härtesten Felsen aus. Der Lauf des Wassers weicht Hindernissen aus, und dort, wo Barrieren seinen Weg hemmen, staut es sich, bis es diese entweder überflutet oder mit seiner gewaltigen Kraft zerstört. Schauen Sie einmal auf Ihr Leben, als ob es ein Fluss wäre. Stellen Sie sich selbst als einen kraftvoll strömenden Wildbach vor. Gelingt es Ihnen? Was empfinden Sie bei dieser Vorstellung? Fühlen Sie sich angesichts Ihrer diversen Probleme nicht eher wie der bunte Kinderball, der dort auf den Wellen hüpft und von der Strömung umhergetrieben wird? Es gehört zur Magie des Tao zu erkennen, dass es in Wirklichkeit außerhalb des Baches mit seinen Stromschnellen, Wirbeln und Windungen diesen Ball gar nicht gibt. Aus taoistischer Sicht ist der Kinderball in diesem Bild das individuelle Selbst, das sich als vom Strom des Lebens getrennt empfindet – aber in Wahrheit selbst dieser Strom *ist.* Die alten Schriften und vor allem die später verfassten Sinnsprüche taoistisch beeinflusster Dichter des Zen-Buddhismus wimmeln förmlich von Gleichnissen über das Nichthandeln. So wird das Bild zweier Bäume bei starkem Schneefall heraufbeschworen. Die Weide verkörpert das Prinzip von Wu wei, sie gibt unter der Last des Schnees nach, sodass er schließlich von ihr abgleitet, während die Eiche ihre Äste dem Schnee entgegenstemmt und dadurch Gefahr läuft, dass sie brechen – was Yu wei, der willentlichen Anstrengung, entspricht. Oder das Bild des Kranichs, der den Teich überfliegt und sein Bildnis im Wasser widerspiegelt. Es steckt keine Absicht dahinter, weder seitens des Kranichs noch seitens des Gewässers. Ähnliches drückt die Metapher vom Schatten des Schilfes aus: Er wird vom Wind bewegt und fällt auf die steinerne Treppe, ohne dort den Staub aufzuwirbeln. Oder der Flug des Vogels, der am Himmel keine Spur hinterlässt, und so weiter. Die Sprüche vermitteln die Ahnung von Motivlosigkeit, von schwerelosem Handeln, und man könnte direkt einen oder mehrere davon eingerahmt an die Wand hängen. Nur – wenn Ihnen emotional oder materiell oder auf beiden Gebieten gleichzeitig das Wasser bis zum Hals steht, können Ihnen die innigsten, weisesten Sprüche gestohlen bleiben, ebenso wie die Bibelverse, die Ihnen empfehlen, Ihr Kreuz auf sich zu nehmen. Dennoch – und das sei hier betont –, dennoch liegt in diesen Sinnsprüchen und Gleichnissen ein hohes Maß an Weisheit, deren Einfachheit uns ihre Tiefe verbirgt. Was als Hinweis für ein Leben ohne Stress und Mühen angedeutet wird, ist zu selbstverständlich und zu nahe bei uns, als dass wir es erkennen könnten. Wir müssten von uns selbst zurücktreten, um es zu sehen.

Aber wie gehen wir dann mit unseren komplizierten, undankbaren, teils auch ungeliebten Geschäften um, wenn unsere Erfahrung sich da heraushalten soll? Versuchen wir es zuerst mit einer Antwort von Richard Wilhelm[8] aus der Einleitung zu seiner Übersetzung des Tao te king:

Dieses Nicht-Handeln ist keine Untätigkeit, sondern nur absolute Empfänglichkeit für das, was sich von jenem metaphysischen Grunde aus im Individuum auswirkt.

Und auf der gleichen Seite fährt Wilhelm fort:

Gut ist dieses Leben insofern, als es in jedem Augenblick und in jeder Lage das entsprechende Verhalten zeigt. Seine Macht beruht darauf, dass es in jedem Verhältnis die notwendige Ergänzung bietet. Zu den Guten ist es gut, zu den Nichtguten ist es auch gut; denn es gibt jedem, was ihm fehlt zu seiner Ergänzung. Diese Ergänzung ist etwas, das ohne allen Streit sich darbieten lässt, sie ist sozusagen die Erfüllung eines leeren Platzes. Aber eben dadurch, dass diese Ergänzung gewährt wird, ist derjenige, von dem sie ausgeht, ganz von selbst der Überlegene.

Den obigen Text hat Wilhelm nach meiner Kenntnis Anfang der zwanziger Jahre verfasst, und seine Einleitung zu Laotses Sprüchen zeugt von einem tief gehenden Verständnis der taoistischen Philosophie. Ich würde mich heute nicht trauen, eine Abhandlung in diesem Stil zu schreiben, denn auch unseren verehrten Philosophen gelang es nicht, mit ihrem Denken bis in die Wirklichkeit hineinzureichen, wie Wilhelm in der Fortsetzung des obigen Textes vermerkt. Lassen wir noch einen anderen Experten zu Wort kommen,

8 Laotse, *Tao te king*, Text und Kommentar von Richard Wilhelm, S. 30

ehe ich mich an die Kommentierung der Texte mache. Und zwar Alan Watts[9], den ich als Kenner des Tao schätze:

Wu wei ist daher der Lebensstil eines Menschen, der dem Tao folgt, und ist in erster Linie als eine Form von Intelligenz zu verstehen. Das heißt, man kennt die Prinzipien, Strukturen und Neigungen menschlicher und natürlicher Dinge so gut, dass man im Umgang mit ihnen ein Minimum an Energie verbraucht ... Aber diese Intelligenz ist, wie wir gesehen haben, nicht bloß intellektuell ... Wu wei ist eine Verbindung dieser Weisheit mit dem Weg des geringsten Widerstandes bei allem, was man tut.

Alle drei Textauszüge sind einem größeren Zusammenhang entliehen, in dem es um Nichthandeln geht. Die von Wilhelm betonte Empfänglichkeit für das, was sich vom Tao aus in uns rührt, entspricht der Intuition, die anstelle der Erfahrung spontan unser Handeln leitet. Der Kraftquell für richtige Entscheidungen ist der Urgrund selbst, der mit allen Dingen verbunden ist und immer wieder Harmonie schafft. Vereinfacht gesagt, steht unserem beschränkten Erfahrungshorizont mit Wu wei als Alternative das Potenzial der Menschheit gegenüber, und wir haben die Chance, uns dieser universalen Quelle zu bedienen. Intuitive Kräfte reagieren auf die unverfälschte Reflexion von Szenen in unserem Bewusstsein. Darum spielen Aufmerksamkeit und eine intensive und unvoreingenommene Wahrnehmung der Vorgänge unseres Lebensalltags beim Realisieren des Nichthandelns eine bedeutend größere Rolle als alle Analyse. Das Tao ist immer aktiv und befruchtet mit leisen Impulsen unser Bewusstsein – was wir leider bei dem Lärm, den wir Tag und Nacht in unseren Köpfen veranstalten, gar nicht vernehmen. Um das Prinzip des Nichthandelns zu verwirklichen, bräuchten wir im Grunde nur mehr Stille in unserem Gemüt herzustellen, und wir bräuchten mehr Vertrauen in unsere Intuition, die uns bisher zwar manchmal geholfen hat, uns aber ebenso oft in die Irre geführt zu haben scheint.

9 Alan Watts, *Der Lauf des Wassers*, S. 116

In dem weiter folgenden Text schlägt Richard Wilhelm eine Brücke vom Nichthandeln zur Polarität, einem anderen wichtigen Element taoistischen Denkens. Er erläutert, dass der Mensch des Tao jene Impulse in seinem Handeln realisiert, die vom Urgrund her in ihm aufsteigen. Sein Leben ist darum gut beziehungsweise gelungen, weil er allezeit das Richtige tut. Sein Verhalten wird nicht von Vorurteilen beeinträchtigt, die Yang bejahen und Yin verneinen. Er macht zwischen den positiven und negativen Polen in seinen Begegnungen keinen Unterschied. Sein Handeln liefert seiner Umwelt den Ausgleich zu dem, was ihnen zur Harmonie fehlt. Die Lebensweisheit des Tao beruht nicht zuletzt darauf, dass man alle Dinge, die einem begegnen, unmittelbar sieht, also so, wie sie tatsächlich beschaffen sind. Das klingt leicht und einfach, aber dieses unmittelbare Sehen gehört zu den schwersten Aufgaben bei der Umstellung unserer Gewohnheiten. Weil wir, um zu dieser Sehweise zu gelangen, auf alles Vergleichen verzichten müssten! Was immer wir den Tag hindurch wahrnehmen, wir bewerten es danach, wie es sich im Vergleich zu anderen Wahrnehmungen verhält. Nehmen Sie das Wetter: Sie sagen: «Heute ist es schön.» Aber diese Aussage ist relativ, weil schönes Wetter dadurch erkennbar wird, dass wir es mit schlechtem oder weniger schönem vergleichen. Oder die Nase von Nachbars Lotte – hier wird die Methodik des permanenten Vergleichens deutlicher. Sie finden, Lotte habe eine schöne Nase. Aber woher wissen Sie das? Sie werden mir entgegnen, weil Sie Lotte erst vorhin gesehen haben, und sie hatte noch immer das gleiche hübsche Riechorgan im Gesicht wie vor vierzehn Tagen, und da hatte es Ihnen auch gefallen. Doch das ist keine Antwort. Sie finden Lottes Nase darum schön, weil Sie diese mit dem allgemein gültigen Schönheitsideal einer Nase verglichen haben und finden, dass Lottes Nase diesem sehr nahe kommt. Ohne eine allgemein vorgegebene Norm hätten Sie Schwierigkeiten zu entscheiden, was Sie schön zu finden haben und was nicht. Um absolut zu beurteilen, ob Lotte nun eine schöne Nase hat oder nicht, müssten Sie Ihren rechts im Gehirn angesiedelten Schönheitssinn selbstverantwortlich in Aktion erleben. Und dieser würde äußerst speziell, einzig auf Lottes Gesichtszüge bezogen, vielleicht die Harmonie spüren, die ihre Nase darin schafft. Wir verlassen uns, ohne lange darüber nachzudenken, im Allgemeinen bei unseren Werturteilen auf Normen, die wir nach und nach gelernt und so verinnerlicht haben, dass wir sie für unsere eigenen halten. Auf dem Weg des Tao haben Vorurteile, Wertmaßstäbe und Vergleiche keinen Platz. Sie gehören zum alten, abgenutzten Instrumentarium des Handelns, und wir sind ihrer eigentlich schon lange überdrüssig, weil sie uns im Leben schon viel zu viele Enttäuschungen beschert haben. Mit dem Verzicht auf alles Vergleichen überwinden wir die Polarität, weil sie keinen Einfluss mehr auf unser Urteil hat. Daraus entsteht zwangsläufig Harmonie.

Der Textauszug von Alan Watts erklärt sich zwar bereits selbst, aber ich will dennoch einen Kommentar dazu abgeben. Denn niemand käme auf die Idee, dem Wasser vorzuwerfen, es sei charakterschwach, weil es den Weg des geringsten Widerstandes wählt, um voranzukommen. Aber ein Mensch, der jede Anstrengung scheut und jedem Problem ausweicht oder es ignoriert, solange es möglich ist, oder sich einen Fluchtweg davor sucht, ist nun doch etwas anderes. Ihm wird Bequemlichkeit, Faulheit, sogar Verantwortungslosigkeit vorgeworfen, und er gleicht anscheinend genau dem Menschen, der den Weg des Tao geht. Deswegen ist eine Klarstellung, was die Philosophen des Taoismus damit meinen, unerlässlich. Ein Merkmal des Wassers ist seine Freiheit, es bewegt sich überallhin, wo es will. Stellt man ihm Hindernisse in den Weg, überflutet es diese. Und das primäre Merkmal eines Menschen, der die Lehren des Taoismus verstanden hat, ist ebenfalls seine Freiheit. Vorwiegend die innere, der die äußere durchaus folgen wird, wenn die innere wirklich erfahren wurde. Diesen Freiheitsbegriff definiert Fürst Peter Kropotkin in seiner Darstellung der Anarchie am deutlichsten. Es ist dies keine Anarchie, die Bomben wirft oder gewaltsam demonstriert. Es ist ein anarchisches Prinzip, das sich im rechten Moment verweigert. Dieses Prinzip könnte die weltumspannenden Probleme lösen, wenn der Mensch sich von seinem Egoismus und von seiner Subjektivität trennen könnte, mit der er sich zugleich seiner Verantwortung dem Ganzen gegenüber entzieht, mit dem er mehr identisch ist als mit seinem Körper. Lesen Sie einen Auszug aus Kropotkins Entwurf eines nicht gehaltenen Vortrags[10]:

Wir wollen die Freiheit, das heißt, wir verlangen für jeden Menschen das Recht und die Macht, alles zu tun, was ihm gefällt: alle seine Bedürfnisse zu befriedigen, ohne eine andere Begrenzung als die natürlichen Unmöglichkeiten und die Bedürfnisse seines Nachbarn, die ebenfalls zu respektieren sind. Wir wollen die Freiheit, und wir glauben, dass ihre Existenz unvereinbar ist mit irgendeiner Herrschaft, welches deren Ursprung und Form auch sein mag, sei sie gewählt oder aufgezwungen, monarchisch oder republikanisch, ob sie sich auf göttliches oder Volksrecht beruft. Mit einem anderen Wort, in den menschlichen Beziehungen soll das freie Übereinkommen, das ständig revidiert werden kann, an die Stelle der gesetzlichen und administrativen Bevormundung treten, an die Stelle einer aufgezwungenen Disziplin. Das ist unser Ideal. Wir glauben, dass das Kapital, gemeinsames Erbe der Menschheit, da es die Frucht der Zusammenarbeit von früheren und jetzt lebenden Generationen ist, allen zur Verfügung gestellt werden muss, sodass niemand einen Teil davon zum Schaden der anderen mit Beschlag belegen kann. Wir wollen mit einem Wort die Gleichheit, die tatsächliche Gleichheit als erste Voraussetzung der Freiheit. Jedem nach seinen Fähigkeiten, jedem nach seinen Bedürfnissen.

Teile des Tao te king weisen ähnliche Sprüche auf, in denen Laotse sich mit der Kunst der Staatsführung beschäftigt. Wer genauer hinsieht, wird deutliche Übereinstimmungen finden. Wu wei, das Nichthandeln, ist Ausdruck einer Intelligenz, die nicht vom Verstand kommt. Sie entspringt einem Geist, dessen Volumen weit über die Zellverbände des Gehirns hinausreicht. Der Weg des geringsten Widerstandes ist darum anders zu bewerten als jener der Volksmeinung. Er gleicht mehr der Technik des Judokämpfers, der die auf ihn gerichteten Attacken ins Leere laufen lässt, sodass die vom Gegner aufgewandte Kraft schließlich nur ihn selbst trifft. Der Mensch des Tao hat die ein Leben lang durch Erziehung und die Glaubensinhalte seines Kulturkreises unterbrochene Verbindung

10 Peter Kropotkin, *Der Anarchismus*, S. 8

zum Urgrund und damit zum Universum als Ganzes wieder gefunden, und was er spontan vollbringt, geschieht frei von Widerstand und Reibungsverlust. Er selbst wird nie gegen Hindernisse gewaltsam anrennen, und sein Weg führt nicht über den Rücken seiner Mitmenschen. Der Weg des geringsten Widerstandes verläuft nicht rigoros auf Kosten anderer, denn damit – Logik in sich – wäre er es nicht mehr, weil dabei Bedürfnisse anderer Menschen *überwunden* werden müssten.

Im Geist von Wu wei leben ist wie ein müheloses Gleiten. Die Härten des Alltags verschwinden, man spürt Schwerelosigkeit wie in einem Traum, ohne den Bezug zur Realität zu verlieren. Die Realität ist noch immer hart und gefährlich, aber sie schreckt nicht mehr, weil inzwischen einige Dinge verstanden worden sind. Für Taoisten ist die Welt identisch mit ihnen und von ihrem Selbst nicht zu trennen, oder wie Laotse sinngemäß sagte: *Ich brauche nicht aus dem Haus zu treten, um die ganze Welt zu erkennen.* Das Universum produziert unser Bewusstsein – und unser Bewusstsein ruft das Universum hervor. (Und das Gefühl, dass das alles nicht so ist, gehört ebenfalls zum kosmischen Spiel, bei dem wir mitspielen dürfen, ohne alle Regeln auswendig kennen zu müssen.) Die Wechselwirkung zwischen Schöpfung und Wahrnehmung macht eine Zeichnung von M. L. Escher deutlich, die ich einmal irgendwo gesehen habe: Es ist die Darstellung zweier Hände, von denen jede mit einem Bleistift zwischen den Fingern die andere zeichnet.

An der Wiege eines Vorurteils

Helene Bohms Urgroßmutter wurde einst als Kind von einem Hund gebissen. Vom Schäferhund des Nachbarn, der an der Kette lag und dessen Bewegungsraum die Kleine falsch eingeschätzt hatte. Die Story vom Hundebiss wurde von jenem Zeitpunkt an über Generationen weitervererbt. Helene selbst war nie von einem Hund gebissen worden, sie hatte sich auch nie einen angeschafft, weil Hunde eben bissig sind. Und dann, inzwischen selbst Mutter, fährt sie eines schönen Tages ihr Töchterchen im Stadtpark spazieren, als ein kaum drei Monate alter tollpatschiger Labradorwelpe fröhlich am Kindersportwagen hochspringt und versucht, die heraushängende Hand des Kindes zu lecken. Frau Bohm reagiert nach Gefühl: «Nicht anfassen, der beißt!», ruft sie schrill und reißt ihr bedrohtes Töchterchen aus dem Gefahrenbereich.

Helene Bohm kann nichts dafür, dass sie so reagiert. Falls niemand ihre Kleine eines Tages eines Besseren belehrt, wird sie in der folgenden Generation in ähnlichen Situationen die mütterliche Matrix wiederholen und genauso fühlen und handeln. Das Beispiel ist simpel, aber es leuchtet ein. Mir tut es jedes Mal um so ein Kind Leid, dem die Chance verwehrt wird, mit anderen Lebewesen zu kommunizieren, weil die konditionierten elterlichen Gefühle es vereiteln. Andererseits kann Vorsicht bei unbekannten Hunden durchaus vernünftig sein, und es liegt mir fern, aus diesem Beispiel das Drama vom unverstandenen Welpen abzuleiten. Mir geht es um etwas viel Umfassenderes.

–

Über Generationen hinweg übernehmen Kinder von den Eltern die Verhaltensmuster, die diese ihnen vorleben. Das am meisten prägende Muster ist das der Abtrennung des Menschen vom Ganzen. Bereits der Säugling tritt mit dem Erlernen der ersten Wörter die Reise fort von seiner Einheit mit der Außenwelt an. Laute wie

Mama, Papa, Wauwau, heiß sind der Anfang eines Prozesses, der im künftigen Leben das Tatsächliche gegen Vorstellungen austauschen wird. Und alle Erfahrung, die wir als Menschen zeitlebens gemacht haben, scheint die Annahme von der Richtigkeit unserer Subjektivität zu bestätigen. Helene glaubt, sie sei von Hundebissen verschont geblieben, weil sie sich grundsätzlich aus dem vermeintlichen Gefahrenbereich heraushält. Ergo konnte sie nie die Erfahrung von der Harmlosigkeit der meisten Hunde sammeln. Ähnlich verhält es sich mit unserer Lebenserfahrung. Wir hatten von Anfang an niemals die Chance, auf die Ereignisse anders zu reagieren als von einem Standpunkt der Getrenntheit aus. Und alle Erfahrungen, die unser Gehirn gespeichert hat – und mit denen es die jeweils neuen Geschehnisse zur Entscheidungsfindung abgleicht –, basieren auf der niemals infrage gestellten Überzeugung, dass wir und diese Erfahrungen getrennt voneinander sind. Helene Bohm wird jederzeit Eide darauf leisten, dass ihr einzig wegen ihrer Wachsamkeit gegenüber Hunden größere Verletzungen einschließlich möglicher Implikationen wie Tollwut oder Blutvergiftungen erspart geblieben sind. Allerdings denken wir über unsere Getrenntheit bei den Ereignissen unseres Alltags niemals so heftig nach wie Frau Bohm über Hundebisse. Ihr mag die Botschaft von der Verletzung der Urgroßmutter aus Erzählungen noch in Erinnerung sein, aber beim einst geschehenen Austritt des Menschen aus der Einheit gibt es leider keinen Präzedenzfall, an den sich jemand erinnern könnte. Die Trennung geschah allmählich, als unsere Urvorfahren sich ihrer Individualität mehr und mehr bewusst wurden und daraus die in uns allen heute noch wirksame Subjekt-Objekt-Beziehung entwickelten.

Wir mögen Helene Bohms Hunde-Phobie belächeln und ihr ihre Scheuklappen gegenüber dem tatsächlichen Verhältnis zwischen dem besten Freund des Menschen vorwerfen – aber um wie viel starrköpfiger, unbelehrbarer folgen denn wir jenen falschen Mustern, die seit Beginn der Jungsteinzeit (dort ist es vermutlich passiert) über viele hundert Generationen bis heute den Kindern vorgelebt werden? Der Glaube an die Getrenntheit des Individuums von den Erscheinungen der Außenwelt ist eines der fundamentalen Vorurteile, nach denen wir leben. Unsere diesbezüglichen Überzeugungen einfach einmal infrage zu stellen wäre der vernünftige Weg, den tatsächlichen Zuständen im Universum hinter die Schliche zu kommen. Genau betrachtet, sind unsere sämtlichen Maßnahmen zur Erhaltung unseres Lebens und Wohlergehens Auswüchse von Yu wei, dem Prinzip der willentlichen Anstrengung, weil sie dem eigenen Bestreben der Dinge, miteinander zu harmonieren, zuwiderlaufen und dadurch ungeheure und vermeidbare Reibungsverluste erzeugen. Manchmal setze ich zur Veranschaulichung des Problems in den Seminaren die folgende Aufgabe ein:

Vor Jahren stand ich einmal vor einer Installation des Künstlers Jean Tinguely. Es handelte sich um ein gewaltiges Mobile, bestehend aus Antriebsrädern unterschiedlichster Größe und Form. Sie waren durch Treibriemen, Ketten, exzentrische Gestänge, Kardanantriebe und alle möglichen weiteren mechanischen Verbindungen miteinander verbunden und bewegten sich, je nach dem Übersetzungsverhältnis, mit unterschiedlicher Geschwindigkeit vorwärts oder rückwärts drehend. Und inmitten dieses bizarren Regelwerkes von Transmissionen befand sich, auf einem Fahrradsattel sitzend, ein menschliches Gebilde. Die Puppe trat mit den Beinen Fahrradpedale und trieb so über die Kette ein Ritzel an, das in das große Räderwerk fest integriert war. Ihre beiden Arme bewegten ein weiteres Fahrrad-Pedalrad, an dem anstelle der Pedale zwei Handgriffe montiert waren. Auch dieses Rad war über Kette und Ritzel mit dem übrigen Räderwerk verbunden. Das mächtige Kunstwerk zeigte also einen Menschen, der mit Händen und Füßen strampelte und aktiv war. Von dieser Aktion ausgehend, bewegten sich alle Räder, Übersetzungen und Transmissionen des vielgestaltigen, mobilen Mikrokosmos mit.

Die Frage, die diese Skulptur stellt, ist klar: Bewegt nun dieser Mensch das Räderwerk, oder wird er durch die Dynamik der vielen, zum Teil mächtigen Treibräder selbst in Bewegung gehalten, und sein Treten und Kurbeln ist schiere Illusion? Bewegt er, oder wird er bewegt? Was geschieht, wenn er Hände und Füße von den Pedalen nimmt? Bleibt der ganze Apparat dann stehen? Oder läuft er unbeirrt weiter, egal, was der Mensch dort auf dem Fahrradsattel unternimmt? Geht die Energie der ganzen Dynamik von diesem einsamen Menschen aus, oder ist es die Energie des ganzen Getriebes, der er nicht ausweichen kann, egal, ob er die Pedale bewegt oder es bleiben lässt?

Dichten wir dieser Figur inmitten des Riesenmobiles Bewusstsein an, hätte sie die Wahl, wie sie ihre Position im Szenarium interpretiert:

- *Möglichkeit eins wäre, dass sie sich für den Initiator aller Vorgänge hält, die in ihrem engeren Wahrnehmungsbereich liegen, sie wäre überzeugt, durch Treten und Kurbeln hätte sie unmittelbaren, wirksamen Einfluss auf die äußeren Vorgänge.*
- *Möglichkeit zwei wäre die fatale Einsicht, dass sie von der Übermacht des sie umgebenden Getriebes selbst angetrieben wird und ergo keine eigene Willenshandlung möglich wäre.*
- *Bei Möglichkeit drei gelangt die Figur inmitten des Regelwerkes zu der Auffassung, getrennt von einem Ablauf zu existieren, auf den sie trotzdem willentlich einwirken kann, aber umgekehrt ebenso von dem Getriebegeschehen beeinflusst wird.*
- *Möglichkeit vier lässt die Figur sich und das gesamte Mobile als ein zusammengehöriges, von der Identität her untrennbares Wesen erkennen. Was handelt, was sich bewegt, was Wirkung erzeugt, ist allemal das Ganze, gleich, ob andere Elemente des Räderwerkes eigene, abweichende Ideen über sich kultivieren oder nicht.*

Welche Version, das Räderwerk zu verstehen, trifft nun zu?

Für mich ist immer wieder interessant, wie sich die Stellungnahmen zu dieser Aufgabe im Verlauf der Unterweisungen verändern. Die anfänglichen Aussagen zu den vier angebotenen Möglichkeiten verteilen sich auf die Punkte eins bis drei, und zwar wird die Wahl vielfach von der akuten Lebenssituation bestimmt. Wer sich als Herr seiner Geschicke fühlt, weil ihm in der Gegenwart oder jüngeren Vergangenheit etliche Vorhaben geglückt sind, tendiert zu Version eins und betont die Kraft des eigenen Willens. Zur zweiten Möglichkeit, sein Dasein zu empfinden, neigen Befragte, wenn sie Schicksalsschläge erlitten haben oder ihre temporäre Lage aussichtslos erscheint. Man fühlt sich den Wechselfällen des Lebens ausgeliefert, wie ein Stecken im Strom, der von den Wirbeln und Wellen unberechenbar umhergetrieben wird. Wer unter den Teilnehmern sich von vornherein für Möglichkeit drei entscheidet, trifft seine Wahl in der Regel unter Gesichtspunkten von Logik und Vernunft. Sie bestätigen, dass sie sich zwar getrennt von den Ereignissen ihres Lebens fühlen, aber durchaus mit Hilfe von Erfahrung und Willensakten positiv darauf einwirken können. Doch sie räumen ein, dass es in ihrem Alltag Ereignisse gibt, auf die sie wenig bis gar keinen Einfluss haben und mit denen man sich dann eben abfinden müsse.

Ungeachtet der geschilderten Stellungnahmen wird mir einstimmig versichert, es wäre erstrebenswert, in den Zustand hineinzufinden, der als Möglichkeit vier angeboten wird. Man würde gerne dahin gelangen, aber es brauche noch einiges, um diesen geistigen Standort zu erreichen. Mein Hinweis, dass unser Gefühl des Getrenntseins wahrscheinlich mit zu diesem großen kosmischen Spiel gehört, das wir Leben nennen, löst in der Regel Verwirrung aus. Mir erklärte einmal ein Mann, er habe sich schon gewaltig angestrengt, um dieses Gefühl der Einheit zu finden, aber es sei ihm noch kein einziges Mal gelungen. Das Gefühl der Einheit als zusätzliches Element unseres Bewusstseins kann deshalb nicht gefunden werden, weil unser Alltagsgefühl sowohl das Gefühl des Getrenntseins wie auch das der Einheit mit den Dingen bereits *ist.* Wenn Sie eine kleine Denkpause einlegen – und eine solche Pause ist nicht schwieriger als ein paar Sekunden den Atem anhalten –, liebe Leserin, lieber Leser, werden Sie es merken: Das Empfinden, von den Dingen rings um Sie her getrennt zu sein, verschwindet auf der Stelle, und es hält vor, solange Ihre Gedanken schweigen. Es sind einzig unsere Denkprozesse, die dieses Gefühl der Isolierung des Individuums vom Rest der Welt permanent herbeiführen. In den Momenten der Stille gibt es diese Trennung nicht. Versuchen Sie es, Sie werden spüren, wie das Grundgefühl Ihrer Existenz, das Grundgefühl, Sie zu sein, mit dem Empfinden der Integration mit der Außenwelt zusammenfließt. Ich erkläre meinen Teilnehmern ergänzend dazu, dass wir nur unsere Vorurteile über unsere Position in der Welt infrage stellen müssen – es geht absolut nicht darum, durch neue Überzeugungen einen anderen Zustand im Universum herbeizuführen. Dieser Zustand existierte bereits, als jenes Lebewesen an Land stieg, weil ihm Beine gewachsen waren. Und weder unser Zweifel noch unser Glaube ändert das Geringste daran. Es gilt vielmehr zu erforschen, wie die Dinge in der Welt tatsächlich beschaffen sind. Rüdiger Safranski[11] bezieht in seinem Werk *Das Böse* den gleichen Standpunkt:

Da die philosophia perennis das Absolute als integrierendes Ganzes versteht, ist es nicht ihr Ziel, erlöst zu werden, sondern jene Ganzheit zu entdecken und damit eine vertiefte Erfahrung der Zugehörigkeit zu gewinnen. Noch Albert Einstein bleibt in dieser Tradition, wenn er erklärt, dass die Trennung vom Ganzen lediglich eine optische Täuschung des individuellen Bewusstseins sei und dass die Aufgabe der Erkenntnis darin bestünde, uns aus diesem Gefängnis der Selbsttäuschung herauszuführen.

Könnte man einen Fisch interviewen, würde er, nach seinem Existenzgefühl befragt, wahrscheinlich das Wasser mit in seine Identität einbeziehen. Desgleichen vielleicht auch die Schwalbe, deren Lebensraum der freie Himmel ist. Nur wir Menschen kämen nie auf die Idee, den Boden, den wir betreten, den Raum, in dem wir uns bewegen, als untrennbar zu uns gehörig zu erleben, obgleich das doch offensichtlich ist. Wir sind schließlich kein Baum und schlagen keine Wurzeln in die Erde, wir sind mobil, mit Hilfe der Technik können wir uns sowohl unter Wasser, über dem Wasser und in den Lüften bewegen. Die Siege menschlichen Forschergeistes führen leicht dazu, dass wir fundamentale Tatsachen übersehen. Ohne den freien Raum rings um uns her wären wir als Körper nicht zu erkennen, die Vielfalt der Schöpfung könnte ohne die Leere, ohne das Nichts nicht existieren. Aber unser Verstand reicht noch nicht einmal so weit, dass wir jenes Element, ohne dessen Existenz es selbst unseren Schatten nicht gäbe, als zu uns gehörig erleben würden. Höchstens Maler und Bildhauer machen sich Gedanken über

11 Rüdiger Safranski, *Das Böse*, S. 82

den freien Raum – der Bildhauer schafft ihn um die Granitskulptur herum, indem er das Hinderliche wegschlägt.

Sehen wir uns an, was ein Berufener[12] dazu zu sagen hat:

Dreißig Speichen umgeben eine Nabe:
In ihrem Nichts besteht des Wagens Werk.
Man höhlt Ton und bildet ihn zu Töpfen:
In ihrem Nichts besteht der Töpfe Werk.
Man gräbt Türen und Fenster, damit die Kammer werde:
In ihrem Nichts besteht der Kammer Werk.
Darum: Was ist, dient zum Besitz.
Was nicht ist, dient zum Werk.

Laotse

Speichen, die die Leere zwischen Reifen und Nabe überbrücken, bilden das Wagenrad. Ohne die Leere wäre ein Tontopf nicht vorstellbar, und eine Kammer ohne die Leere wäre nichts als ein Ziegelsteinblock. Das Vorhandene kann besessen werden, und das nicht Vorhandene lässt sich schaffen.

Die letzten zwei Zeilen des Spruchs lauten in der Übersetzung von Lin Yutang[13] anders:

Darum: Das Sein der Dinge gibt uns Vorteil,
Und das Nichtsein der Dinge dient uns.

In seinem Kommentar zu Laotses elftem Spruch preist Lin Yutang den Nutzen des Nichtseins und bringt handfeste Beispiele dafür. Eines möchte ich Ihnen nicht vorenthalten: *Der Mensch geht auf dem Erdboden, indem er auf ihn tritt. Aber nur durch den Boden, auf den er* nicht *tritt (den Raum zwischen seinen Schritten), kann er große Entfernungen zurücklegen.*

12 Laotse, *Tao te king* (R. Wilhelm), S. 51

13 Lin Yutang, *Die Weisheit des Laotse*, S. 72

Manches in den alten Schriften mag uns wie die Spielerei mit Worten, Alltäglichkeiten und Binsenweisheiten vorkommen. Die Dinge sind so simpel, so plausibel beschrieben, dass uns das darin verborgene Besondere entgeht. So wie uns nie bewusst ist, dass wir von einer Leere umgeben sind, ohne die keine sichtbare Form möglich wäre. Diese Leere ist das Feld der Physiker, in der sich der Tanz der Teilchen zu sichtbaren Gegenständen wie zum Beispiel Sonnen, Bergen oder jungen Katzen manifestiert. Und wir realisieren nicht, dass diese Leere auch mit dem Tod, mit dem Nichts identisch ist. Wie die Zwischenräume, die uns vom Rest der Welt trennen, ist das Nichts nur die andere Seite der Münze, der wir den Namen Leben gegeben haben. Der Vers von Laotse verkündet mit dem Gleichnis von der Leere, die allein die Existenz von Gegenständen möglich macht, zugleich die sich unendlich wiederholende Präsenz von Sein und Nichtsein. Aber dieses Nichtsein gewinnt durch die Einsicht in die Einheit der Dinge, die Einsicht in die eigene Identität mit dem Tao eine andere Dimension. In der Bereitschaft, sich mit dem Nichts, mit der Leere, die unser Leben begleitet, anzufreunden, sich mit ihr ebenso zu identifizieren wie mit dem Bild, das wir von uns im Herzen tragen, verliert sich gleichzeitig auch die Furcht.

Leisten Sie sich einmal ein Experiment mit der Leere. Es wird Ihr Wahrnehmungsvermögen stärken und Ihnen eine andere, äußerst ungewohnte Perspektive auf die Dinge eröffnen. Achten Sie in Zukunft bitte ab und zu weniger auf die Objekte, die Ihnen vor die Augen geraten – richten Sie Ihre Aufmerksamkeit auf die Leere, die Gegenstände wie ein endloser Rahmen umgibt. Betrachten Sie die Zwischenräume, den leeren Raum zwischen den Dingen. Zeichnen Sie im Geist zum Beispiel die Linien des freien Raumes zwischen den Insassen des Autos vor Ihnen an der Ampel nach oder die Konturen der Leere oberhalb eines Möbelstücks. Machen Sie gelegentlich das Studium des freien Raumes zu Ihrem Hobby, erforschen Sie die oft interessanten Konturlinien, die ihn von den Gegenständen trennen, die ihn unterbrechen. Bäume und Pflanzen sind dankbare Modelle für Versuche dieser Art. Beim Spaziergang werden Ihnen für Momente die leeren Dreiecke im hölzernen Geländer der kleinen

Brücke über den Bach bedeutsamer erscheinen als die Brücke selbst, deren Anblick Sie aus vielen Begegnungen auswendig kennen. Oder Sie ertasten mit den Augen anstelle des Profils eines geliebten Menschen das Gegenprofil des leeren Raumes davor. Bei dieser Art von Übung werden Sie bald merken, dass Ihr Blick für viele Dinge geschärft wird, für ihre Proportionen und ihre Beziehung zur Umgebung, in der sie sich befinden. Sie werden Anblicke entdecken, die Ihnen sonst im Alltagsgetriebe bestimmt entgangen wären. Es ist eine Lektion in Sachen Aufmerksamkeit, die letzten Endes dem Gesamtprozess Ihrer Wahrnehmung zugute kommt – und vielleicht geschieht es, dass der leere Raum, wenn Sie ihn öfter auf die beschriebene Art wahrnehmen, nach und nach zum Bestandteil Ihres Identitätsgefühls wird.

Reflexionen über das Denken

Das am häufigsten benutzte Instrument, uns das Leben schwer zu machen, ist unser Denken. Die Denkfähigkeit an sich ist eine kostbare Gabe, ohne die wir wohl noch in Höhlen hausen und uns mit der Keule bekämpfen würden statt mit Raketen. Aber wie etliche andere unserer Gaben richtet Denken ebenso viel Zerstörungen an, wie es Segen spendet. Wir setzen unsere Denkfähigkeit hemmungslos und allezeit ein, ohne dass eine Instanz eine wirksame Kontrolle darüber ausüben würde. Alle quälenden Vorstellungen, Zweifel, Unsicherheiten in unseren privaten und beruflichen Angelegenheiten wälzt unser Denken, ohne dass ihm jemand Einhalt gebieten würde. Selbst Gefühle der Freude und des Glücks erfasst es, beschäftigt sich mit ihnen und versucht sie festzuhalten, sie zu verlängern – was im Gegenteil bewirkt, dass es sie zum Verschwinden bringt. Wir müssten unserem Denken gegenüber eine kritischere Position beziehen, nur stellt sich dabei die Frage, wer denn, wenn nicht das Denken selbst, die Instanz ist, die diese kritische Position einnimmt. In den christlichen Lehren wird die Beherrschung der Gedanken ebenso als eines der Ziele geistiger Reinheit gefordert wie in den östlichen Religionen. Strenggläubige Menschen achten darauf, sich von sündigen Gedanken fern zu halten, und die Meditationsdisziplinen Asiens zielen auf das zeitweilige Ausschalten der Denkprozesse ab. Uns ist bewusst: Was immer wir unternehmen, vor der Tat war der Gedanke da, das Abwägen, das Mit-sich-zu-Rate-Gehen und bei wichtigen Dingen die Spekulation über die Konsequenzen einer Entscheidung. Warum quälen uns tage- und nächtelang Eifersucht oder Verzweiflung, weshalb können wir beim Räderwerk in unseren Gehirnen nicht den Strom abschalten und endlich einmal Ruhe finden? Aber selbst wenn wir aus Erschöpfung zu dieser Ruhe gefunden haben, nützen wir die Pause – um in Ruhe nachzudenken. Wir entkommen den Gedanken nicht, es scheint außer Rausch- und Betäubungsmitteln kein Kraut gegen den Terror des Denkens gewachsen zu sein. Und selbst im Rauschzustand mischen Gedanken mit, ins Bizarre überdehnt.

Der Psychologe Erich Fromm hat sich in seiner Arbeit ebenfalls gründlich mit dem Problem des Denkens befasst. Er macht Unterschiede, definiert Qualitäten des Denkens und kommt zu dem Schluss, dass kritisches Denken dem Menschen unbedingt eine Hilfe ist, während das von Voreingenommenheiten befangene Denken wenig Nutzen, dafür aber genügend Schaden anrichtet, um als permanente Glücksbremse zu wirken. Wörtlich schreibt Fromm[14] dazu:

Ein dritter Punkt ist die Forderung, kritisch denken zu lernen. Das kritische Denken ist die einzige Waffe und Abwehr, die der Mensch gegen die Gefahren im Leben zur Verfügung hat. Wer nicht kritisch denken kann, ist in Wirklichkeit allen Einflüssen, Suggestionen, allen Irrtümern und Lügen ausgesetzt, die verbreitet werden und mit denen er vom ersten Tag an indoktriniert wird. Man vermag nicht frei sein, sich selbst bestimmen und sein Zentrum in sich selbst finden, wenn man nicht kritisch denken und in einem gewissen Sinne auch zynisch sein kann.

Geben wir einem Taoisten Gelegenheit, mit einem zeitgenössischen westlichen Philosophen über Geist und Denken zu diskutieren. T: Taoist, P: Philosoph.

P: Ihre Religion, mein Bester, verlangt also, man müsse seine Gedanken im Zaum halten.

T: Mein lieber Herr Professor, mit Ihrer provozierenden, suggestiven Frage bringen Sie mich nicht in Verlegenheit. Weil sie sinnlos ist. Wo haben Sie in den Übersetzungen der alten Schriften Vorschriften über das Denken gefunden?

P: Ich sage nur *Wu nien*. Ich nehme doch an, dass Ihnen der Ausdruck geläufig ist.

T: Der Ausdruck sagt mir etwas, aber nicht das, was Sie damit unterstellen wollen. Erstens wird Wu nien vorwiegend in der Zen-Literatur betont, und dort hat es die Bedeutung von Nicht-Denken, das stimmt. Aber Sie wissen auch, dass man im Zen

14 Erich Fromm, *Von der Kunst des Zuhörens*, S. 195

mit dem Denken ringt und es zu beherrschen sucht. Im klassischen Taoismus gibt es das Wort auch, aber es wird anders verstanden. Ein Mensch des Tao lässt seine Gedanken kommen und gehen, wie sie wollen. Würde er sich um Nicht-Denken bemühen, würde er seinen Gedanken befehlen, aufzuhören, bekäme er keine Ruhe, weil es nicht funktioniert. Wu nien ist für den Taoisten so etwas wie spontanes Denken, dass er zum Beispiel Fragen, ohne nachzudenken, beantwortet, dass er aus dem Bauch heraus Entscheidungen trifft. Wu nien wird als Unterlassung von Analysen verstanden, als das Ausbleiben hemmender, von Skrupeln belasteter Gedanken, die eine kreative Tat ausbremsen.

P: Gut, da muss ich Ihnen zustimmen. Dennoch bleibt die Frage im Raum stehen, warum denn um Himmels willen jemand überhaupt am Denken rüttelt. Mir scheint es viel wichtiger, die Tiefe des Denkens, seine Quellen und seine Bedeutung zu erforschen, und wenn wir – ich meine die ganze philosophische Fakultät – uns mit dem Denken nach wie vor befassen, dann mit dem Ziel, seine Beziehung zu Geist und Bewusstsein klarer zu entschlüsseln. Die Taoisten machen es sich wie die anderen Religionsphilosophien ziemlich leicht damit. Sie stellen kurzerhand ein paar Behauptungen über das Denken auf, und damit hat es sich dann für sie.

T: Da muss ich im Namen von Laotse protestieren. Nehmen Sie eine beliebige Übersetzung des Tao te king und zeigen Sie mir eine einzige Zeile, in der das Denken auch nur erwähnt wird. Oder beweisen Sie mir, dass Chuang tzu eine einzige Tirade gegen das Denken verfasst hat. Die taoistische Philosophie behandelt das Denken wie jede andere Organfunktion – man lässt das Organ seine Aufgabe verrichten und hält sich heraus. Die Betonung des taoistischen Denkens bewegt sich auf der Ebene des Geschehenlassens, den Dingen einschließlich der Gedanken zu gestatten, sich wie der Lauf des Wassers frei zu bewegen. Nichtsdestoweniger unterscheidet der Taoist zwischen dem Intellekt als einem Instrument von Denken und Wissen und dem Geist, der Intelligenz ist.

P: Mit «Geist» betreten wir vielleicht ein Gebiet, wo ein gemeinsamer Nenner zwischen moderner und antiker Philosophie zu finden ist. Wie würden Sie Geist definieren? In welchem Verhältnis stehen Geist und Denken zueinander?

T: Die zweite Frage zuerst: in keinem. Geist und Denken sind so verschieden wie Ozon und Blumenerde. Denken ist das Produkt unserer Gehirnzellen, ist die Wechselwirkung von Nervenverbindungen und Botenstoffen in Verbindung mit dem Archivmaterial des Gedächtnisses, das vermutlich im ebenfalls organischen Speicher eines Gehirnbereiches untergebracht ist. Denken hört mit dem Tod ebenso auf wie der Stoffwechsel. Aus taoistischer Sicht ist Geist kein Name für einen leistungsstarken Intellekt. Der Intellekt ist Eigentum des Individuums, und er ist subjektiv, weil er mit der begrenzten Erfahrung seines Besitzers operiert. Geist ist nach unserer Erkenntnis niemals individuell, es ist nicht Ihr oder mein Geist, es ist Geist an sich. Und er ist etwas überaus Intelligentes, Vitales, aber zugleich etwas, das kein Mensch beschreiben kann, weil wir seine Wurzeln nicht kennen.

P: Sie trennen Denken, also Verstand und Geist rigoros. Und wenn ich Sie richtig verstehe, gibt es auch keine Beziehung zwischen den beiden Phänomenen. Das eine ist materiell und an den Körper des Einzelnen gebunden und das andere immateriell. Wo hat der Geist dann seinen Sitz? Existiert er nun, selbst wenn es jedermanns Geist wäre, im Schädelinnern, oder ist dort – frei nach Goethe – keine Spur von Geist zu finden? Und noch eine Frage obendrauf: Wo bleibt bei der Geschichte das Bewusstsein?

T: Sie haben mich nicht richtig verstanden. Es gibt sehr wohl eine Beziehung zwischen Geist und Verstand. Aber es ist eine einseitige Beziehung, weil sich der Verstand samt seinem Denken dem Geist mit keinem Mittel nähern kann. Der Geist hingegen ist sehr wohl imstande, den Intellekt zu berühren und das Denken zu befruchten. Diese Einbahnstraße hängt mit der Struktur unseres Gehirns zusammen. Sie kennen die Theorie von den zwei Gehirnhälften, deren linke den intellektuellen, logisch-mathematischen Fähigkeiten zugeschrieben wird, während rechts die kreativen, intuitiven Gaben angesiedelt sind. Links operiert das Gehirn linear, rechts ist es zu komplexen, ganzheitlichen Operationen fähig. In diesem Bereich könnte sich die Schnittstelle zwischen Materie und Geist befinden.

P: Verschonen Sie mich mit den unterschiedlichen Funktionen der Gehirnhälften. Diese Theorie wurde doch längst widerlegt.

T: Mag sein. Ob widerlegt oder nicht, für mich sind die aufgezählten Punkte vor allen Dingen Hirnfunktionen, gleich, wo sie in unseren Köpfen untergebracht sind. Ich bin sowieso der Meinung, dass das Hirn sich seine Werkstatt virtuell einrichtet – es gibt Indizien dafür, dass unser Gehirn nach Beschädigungen durch Unfälle oder nach operativen Eingriffen bestimmte lebenswichtige Funktionen in andere Regionen verlagert. Es mag zutreffen, dass Neurologen bestimmte Reaktionen in vorher theoretisch definierten Zonen auffinden, aber dafür bleibt noch ein weiter Raum unerforschten Landes in unserem Oberstübchen zurück.

P: Gut, unterstellen wir, die Gaben unseres Geistes – stopp, sagen wir besser unsere intellektuellen, emotionalen und intuitiven Fähigkeiten – wären bezüglich ihrer Erreichbarkeit für den Willen zweigeteilt. Die in der fragwürdigen Theorie der linken Gehirnhälfte zugeordneten Funktionen gehorchen den Anordnungen des so genannten freien Willens, wir können ungehemmt unseren Verstand benutzen, in Formeln denken und Analysen auswerten. Auch der Blick in die Zukunft ist uns frei zugänglich, indem wir aufgrund gemachter Erfahrungen Wahrscheinlichkeiten errechnen können, wie eine Sache sich weiterentwickelt. Doch nach Ihrer Behauptung haben wir auf alle mehr oder weniger instinktiven Mechanismen, zu denen ich Gefühle, Ideen, intuitive Einsichten und kreative Visionen zähle, keinerlei Verfügungsgewalt. Wollen Sie mir wirklich weismachen, dass Überlebensreflexe, die so alt wie unser Stammhirn sind, für uns so unzugänglich sind wie Alpha Zentauri?

T: Sie springen aufs Pferd und auf der anderen Seite wieder herunter. Ich habe nicht gesagt, dass uns die geistigen Gaben nicht zugänglich wären. Ich sagte, sie würden nicht unserem Willen, also unserem Denken, gehorchen. Aus taoistischer Sicht sind die ganzheitlichen, kreativen Gaben die Voraussetzung für das Gelingen des Nichthandelns, sie sind die Grundlage des Wu-wei-Prinzips. Die bedeutsame Pointe bei dieser Sicht auf die menschlichen Fähigkeiten ist, dass Verstand, Wissen und Denken in bestimmten Lebensbereichen unbedingt gebraucht werden und wir niemals auf sie verzichten könnten, aber dass das intuitive Potenzial weitaus größere Wirkungskraft besitzt.

P: Und was nützt Ihnen das, wenn Sie nicht an dieses Potenzial herankönnen? Sitzen Sie dann da und warten auf Godot? Da setze ich doch lieber auf die Fähigkeit zum kritischen Denken, um zu einer erträglichen, einigermaßen sicheren Lebensposition zu gelangen. Sie wissen um Erich Fromms Gedanken zu diesem Thema? Und er meint mit kritischem Denken nicht ein Denken, das ständig Kritik übt, nur Löcher statt den Schweizer Käse sieht. Es ist ein Denken, das sich selbst gegenüber kritisch ist, das seine eigenen Reaktionen unter die Lupe nimmt und auf Logik und Vernunft bei allen seinen Operationen achtet. Selbst wenn mich die Intuition aus dem All herbeischwebend mit ihrem Zauberstab berührt und mir flüstert, was ich tun soll, muss mein Denken doch die Zauberformel in Aktion, in Willenshandlung umsetzen – oder irre ich da?

T: Mit dem kritischen Denken stimme ich Ihnen zu. Ein Denken, das von Geist berührt wird, wird dadurch intelligenter, kritischer, verantwortungsvoller – und es wird seine eigenen Bewegungen verstehen lernen und dort einordnen, wo es hingehört. Und es ist richtig, dass das Denken mit der Intuition kooperiert und sie in Taten verwandelt. An das kreative, intuitive Potenzial brauchen wir nicht heranzukommen, *es kommt zu uns.* Und zwar geschieht dies im Grunde kontinuierlich, auch jetzt, da wir miteinander reden. Uns fehlt nur das feine Gespür für die Regungen des Geistes. Um sie wahrzunehmen, müssten wir erst ein paar Überzeugungen von der Macht unseres Denkens aufgeben.

P: Darf ich noch einmal auf meine Frage von vorhin zurückkommen, wo der Geist seinen Sitz hat und wo das Bewusstsein bleibt?

T: Wir sitzen hier gemütlich vor dem flackernden Feuer des Kamins. Schauen Sie hin und sagen Sie mir, ob Sie das Feuer dort drüben an seinem Platz sehen, wo es brennt. Oder ist das eine Täuschung, und die Flamme ist in Ihrem Schädel drinnen? Wo sie sich mit dem Licht in Ihre Augen bewegt und von den Sehnerven zur Sehrinde des Gehirns transportiert wird? Sehen Sie das Feuer dort, wo es sich befindet, oder erleben Sie seinen Anblick ausschließlich im Innern Ihres Kopfes, wie es die Theorie so schön behauptet?

P: Gute Frage. Ich kenne die physische Funktion des Sehvorganges. Spontan würde ich dennoch sagen, dass die Dinge, die ich sehe, sich dort befinden, wo sie zu sein scheinen. Das Kaminfeuer also einen Meter entfernt, linker Hand von mir.

T: Und das Lodern der Flammen im Kamin ist Ihnen bewusst? In Ihrem Kopf drinnen? Könnte man sagen, das, was Ihnen bewusst ist, befindet sich sowohl in Ihnen als auch dort, wo Sie es zu Recht vermuten, in der Kaminecke?

P: Sie haben Recht. Die Dinge sind ebenso in meinem Kopf, wie sie sich außerhalb von mir befinden. Wenn ich den Mond betrachte, dehnt sich mein Geist die mehr als dreihunderttausend Kilometer bis dahin aus, und wenn ich über ein Teleskop einen Spiralnebel schaue, reicht er noch viel weiter. Und wird während des Wahrnehmens Teil meines Bewusstseins.

T: Also könnte man sagen, dass unser Bewusstsein eine unendliche Ausdehnung besitzt, obgleich es scheint, als ob es in unserem Schädel eingesperrt wäre.

P: Ich neige dazu, Ihnen zuzustimmen. Aber sagen Sie: Worin besteht Ihrer Meinung nach der Unterschied zwischen Geist und Bewusstsein?

T: *Geist* und *Bewusstsein* sind, wenn wir die Wörter aussprechen, in Wirklichkeit doch nichts weiter als Geräusche. Den Sinn dahinter bestimmen unser Wissen und unser Verständnis. Ich als Mensch, der dem Taoismus nahe steht, empfinde mein Bewusstsein, mein Grundgefühl, ein Lebewesen, meinetwegen ein Mensch und vorhanden zu sein, wie einen Spiegel. Einen Spiegel von unbestimmter Dimension, der sich von meinem Innern her in beliebige Fernen ausdehnt, wie Ihre Metapher mit dem Geist auf dem Mond. In diesem Spiegel, der rein, klar und unberührt ist, reflektieren sich alle meine Lebenserfahrungen, meine Gefühle, auch meine Gedanken und Erinnerungen. Mein ganzes Ich wickelt sich in der Widerspiegelung meines Bewusstseins ab. Und ich halte Geist oder Bewusstsein für nichts weiter als vom Verstand geprägte, über viele Generationen forschender Gemüter erfundene Begriffe für etwas, das sie nicht verstehen. Ich unterscheide beide nicht voneinander, für mich sind es Synonyme ein und desselben Phänomens – des Tao.

P: Die Metapher mit dem Spiegel gefällt mir. Und sagen Sie, wo findet nach Ihren Einsichten der Denkvorgang statt? Der geschieht doch eindeutig in einem Bereich innerhalb unseres Schädels, ohne geistige Schiene nach draußen – oder kennt der Taoismus hier auch eine Alternative?

T: Was ich Ihnen jetzt über das Denken sage, stimmt zwar mit der taoistischen Philosophie überein, aber es sind Dinge, die jedermann mit Hilfe von ein wenig kritischem, wertneutralem Denken herausfinden könnte. Als Philosoph befassen Sie sich, wie Sie vorhin erwähnten, mit der Tiefe des Denkens. Haben Sie je hinterfragt, wo ein beliebiger Gedanke seinen Anfang nimmt, was ihn auslöst?

P: Tja, in meinem Kopf lösen Impulse wohl Gedanken aus.

T: Impulse? Könnten Sie diese näher definieren? Das Wort ist mir zu verschwommen.

P: Sie haben Recht. Eigentlich meine ich damit Sinneseindrücke – oder Erinnerungen.

T: Also Dinge, die sich außerhalb Ihres Kopfes befinden?

P: Ja, außer den Erinnerungen, die kommen ja aus dem Gedächtnis.

T: Sie erinnern sich zum Beispiel an eine Melodie, die Ihnen im Kopf herumspukt, und das löst Gedanken aus. Richtig?

P: Sicher, so meine ich es. Aber – wenn ich es mir überlege, war die Melodie früher einmal ebenfalls außerhalb von mir, als ich sie zum ersten Mal hörte. Genau besehen, waren oder sind meine Denkvorgänge auslösenden Impulse allesamt von außerhalb meines Körpers gekommen. Ein interessanter, faszinierender Gedanke, der Konsequenzen hat. Eine Gedankenfolge wird so gesehen gar nicht von mir, dem Denker, gestartet, sie ergibt sich durch äußere Einflüsse. Selbst wenn mir beim Aufräumen des Speichers der alte Brief einer vergessenen Geliebten in die Hände fällt und Erinnerungen wachruft, ist dieser Brief von außen in mein Inneres eingedrungen und hat Gedanken an die Frau ausgelöst. Und meine Begegnungen mit ihr fanden schließlich auch nicht virtuell, sondern real statt.

T: Ich bin beeindruckt. In der Vergangenheit habe ich mich mit anderen Menschen über dieses Thema unterhalten, und die meisten von ihnen weigerten sich, dem Faden so weit zu folgen wie Sie. Sie beharrten darauf, das wäre alles Unsinn, ihre Gedanken würden drinnen in ihnen gedacht, und damit basta.

P: Nein, nein, mir leuchtet Ihre Logik absolut ein. Der Blickwinkel auf mein Denken ist neu, aber er ist zugleich beunruhigend. Die Außenwelt bestimmt, was ich denke. Was bedeutet Ihnen diese Einsicht?

T: Sie ist eine weitere, sehr eindringliche Bestätigung für die Aussage der alten Taoisten, dass im Universum alle Dinge miteinander in Beziehung stehen. Dehnen wir die Betrachtung über den Auslöser von Denkvorgängen ein wenig weiter aus. Bei unserem Gespräch haben wir bei subjektiv unmittelbaren Denkanstößen innegehalten. Versuchen wir doch einmal, ob sich nicht auch mittelbare Auslöser von Gedanken finden lassen, die das Denken noch stärker in die weltumspannenden Beziehungen der Dinge einbeziehen.

P: Ich verstehe, worauf Sie abzielen. Sie denken an Kausalketten, frei nach dem Spruch: «Wenn ich den Finger hebe, bebt die

Erde.» In Kenia fällt einem Kaffeepflanzer ein Sack neu geernteter Kaffeebohnen um. In einem Wutanfall zerstört er seine ganze Ernte und fackelt anschließend auch alle Vorräte seiner Nachbarn ab. Der Kaffee der Region wird knapp, die Preise steigen an, der Importeur kauft trotzdem, weil er afrikanische Bohnen für seine Mischung braucht, und wälzt die Mehrkosten auf die Endverbraucher ab. Und ich gehe eines schönen Morgens zu Tchibo, lasse mir ein Kilo meiner Lieblingssorte mahlen, und als ich den gewohnten Betrag zücke, fordert die Kassiererin einen Nachschlag und erklärt mir die Sachlage. Was bei mir natürlich allerlei Gedanken auslöst. So ließe sich an einem – zwar etwas an den Haaren herbeigezogenen – Beispiel die Geschichte deutlich machen.

T: Ihr Denken und das meine ist zugleich das Denken der Menschheit. Es ist ein weltumspannendes Netz von Impulsen, die Gedanken auslösen. Aus vielen Gedanken werden Handlungen, die wiederum ins Bewusstsein anderer Menschen dringen und dort weitere Gedanken und Taten oder Unterlassungen auslösen. Ihre Unterlassung im Beispiel könnte die Weigerung sein, für Ihre Lieblingsmischung weiterhin den erhöhten Preis zu zahlen.

P: Was dann die Händlerkette, weil meine Weigerung der letzte Tropfen war, der das Fass zum Überlaufen brachte, nachdenklich stimmen und zu einer Änderung ihrer Preispolitik veranlassen könnte. Das Gespräch mit Ihnen hat mich ebenfalls nachdenklich gestimmt. Genau besehen, denkt die Welt meine Gedanken, und ich bilde mir nur ein, ich wäre ihr Initiator. Ein Problem wird Denken dennoch nach wie vor für mich bleiben

T: Mit problematischen Gedanken ist es wie mit den Vögeln: Wir können nicht verhindern, dass sie über unsere Köpfe fliegen, aber wir können sie sehr wohl daran hindern, Nester auf unseren Köpfen zu bauen.

–

Lassen Sie mich die das Denken betreffenden Aussagen in der taoistischen Philosophie noch einmal streifen. Da unseren Handlungen normalerweise immer Denkvorgänge vorausgehen und sie begleiten (es sei denn in seltenen spontanen Augenblicken, wo wir erst hinterher ins Grübeln geraten, ob wir denn jetzt einen gravierenden Fehler begangen haben und wie viel Schaden damit angerichtet wurde), lassen sich auf die Denkprozesse analog die Prinzipien des Nichthandelns anwenden. Denken, Entscheiden und Handeln gehen im Großen und Ganzen Hand in Hand bei uns. Und die Annahme ist durchaus richtig, dass wir selbst für einen spontan gefassten Beschluss anschließend den Verstand brauchen, um ihn in die Tat umzusetzen. Also auch wenn die Befruchtung einer Idee dem Geist des Tao entspringt, darf unsere Erfahrung getrost einspringen, um die Idee auszuführen. So mag uns spontan und intuitiv das Bedürfnis anwehen, jetzt, auf der Stelle, Freundin Marianne anzurufen und ihr Hilfe anzubieten. Wir wissen nicht, warum diese nonverbale Botschaft uns erreicht. Doch wir greifen zum Hörer, und unser durch Denken gesteuertes Wissen über den Umgang mit dem Kommunikationsmittel und die Erinnerung an die Telefonnummer machen es möglich, dass die Verbindung zustande kommt. Verstehen Sie, ab einem bestimmten Punkt hat Denken seine Berechtigung, und wir wären verraten und verkauft, wenn wir es nicht hätten. Das taoistische Denken befürwortet kein instinktgesteuertes Verhalten – wir sind keine Feldmäuse, aber es lehrt, dem Denken im eigenen Leben nicht mehr Bedeutung einzuräumen, als ihm zukommt.

Und falls Sie nun fragen, was kommt dem Denken zu, und wo sollte es sich heraushalten, möchte ich Ihnen ein Experiment vorschlagen, bei dem Sie selbst einiges über die Stärken und vor allem auch Schwächen Ihres Denkapparats herausfinden können. Dies mag den Beginn einer Veränderung einleiten, in der Ihr Denken sich selbst seiner Grenzen bewusst wird.

Richten Sie Ihre Aufmerksamkeit auf den voraufgegangenen Absatz. Lesen Sie ihn ein zweites Mal durch, aber diesmal mit folgenden Auflagen: Beobachten Sie während des Lesens Ihre Gedanken.

Wie die Gedanken sich mit dem Stoff auseinander setzen, ihn zu verstehen suchen. Wichtig bei der Übung ist, dass Sie als die beobachtende Autorität dem Denken sozusagen über die Schulter schauen, während es nachdenkt. Das Experiment erfüllt nur seinen Zweck, wenn Sie sich von Ihren Gedanken distanzieren, während Sie sich mit dem Lesen, Verstehen und der Interpretation des Stoffes beschäftigen. Schließlich sind Sie die Denkerin, der Denker Ihrer Gedanken, und es müsste doch mit dem Teufel zugehen, wenn Sie nicht zu dem nötigen Abstand fänden, um von einer souveränen Warte aus den Gedanken bei der Arbeit zuzusehen. Machen Sie es jetzt – und lesen Sie bitte erst anschließend weiter.

Ich habe diese Aufgabe eine Zeit lang in den Seminaren gestellt, und sie löste bei den Teilnehmern regelmäßig ein unterschiedliches Echo aus. Das Feedback bewegte sich zwischen fröhlichen Aussagen, man habe es prächtig hingekriegt, über genau gegenteilige Feststellungen, wo viele der Beteiligten klagten, es habe ihnen absolut nicht gelingen wollen. Entweder hätten sie über den Text nachgedacht, dann sei es ihnen unmöglich gewesen, gleichzeitig die Gedanken zu beobachten, oder sie hätten sich auf die Lauer gelegt und die Gedanken erwartet, aber dann hätten sich zu ihrer Überraschung keine eingestellt. Lesen, über den Text nachdenken und die Gedanken zugleich beobachten wäre ihnen nicht gelungen. Wenn ich dann die Minderheit, die vorgab, bei ihnen hätte das Experiment funktioniert, darum bat, den anderen zu erklären, wie sie es angestellt hatten, herrschte plötzlich Stille. Ja, man habe eben einfach erst einen Satz gedacht, meldete sich meist eine vereinzelte Stimme, und dann diesen Satz separat betrachtet – dies sei doch in etwa der Sinn der Aufgabe gewesen, oder nicht? Eben nicht. Die Aufgabe erfüllt nur ihren Zweck, wenn sie misslingt. Zu erkennen, dass die Versuchspersonen – zu denen Sie sich jetzt ebenfalls zählen dürfen, falls Sie mitgespielt haben – nicht simultan lesen, denken und sich obendrein noch als Denker des Gedachten erleben konnten, weil das hirnphysikalisch gar nicht möglich ist, war der tiefere Sinn der Übung. Wenn ich diese Tatsache in einem Vortrag erkläre, kann das jemand glauben oder er kann es sein lassen. Nur wenige

Menschen gehen so weit, dass sie ihre Autorität als Denker ihrer Gedanken in Zweifel ziehen. Das Experiment beweist, dass unser Denken zwar seine eigene Tätigkeit wahrnehmen kann, aber synchron den von ihm abgekoppelten Denker zu erzeugen, der die Gedanken beobachtet, ist ihm nicht möglich. Entweder denkt es von sich als Denker, dann kann es aber derweilen nichts anderes denken – oder es denkt seine Gedanken, und so lange bleibt der Denker außen vor. Darum entsteht auch kein anderer Gedanke, wenn Sie beschließen, ihn – sozusagen von vorne – zu erwarten. Erst wenn Sie nachlässig werden, hat sich unversehens der erste neue Gedanke eingeschlichen, und er ist Ihnen entschlüpft. Das Denken hat sich selbst überlistet. Seien Sie versichert, wir treiben hier keine neckischen Spielchen. Wir wollen einer Täuschung auf die Spur kommen, deren Entlarvung positive Konsequenzen für uns hat, wie ich betonen möchte. Es gilt im Selbstversuch zu belegen, dass es keinen vom Denken getrennten Denker gibt. Das Denken und der Denker sind ein und derselbe Vorgang, ein neuronales Produkt unseres Gehirns. Von alledem unberührt bleibt unser Bewusstsein, weil es unabhängig vom Denken ist. Wenn es gelingt, die Vorstellung eines von seinen Gedanken getrennt existierenden Denkers zu korrigieren, bleibt als konstante Realität immer noch das Bewusstsein übrig. Welcher Art die Gedanken sind, die sich darin spiegeln, ob sich der Denker als getrennt von seinen Gedanken empfindet oder eins mit ihnen, ist für das Bewusstsein als Grundlage allen Erlebens nicht so sehr von Bedeutung. Entscheidend ist, dass unser Denken selbst intelligent auf die Einsicht reagiert, dass es den Denker erzeugt und darum in dieser Rolle nur scheinbar Einfluss auf seine eigenen Bewegungen hat.

Bauchgefühl

Markus Horn und seine Frau Karin haben beim Casting einer Quizsendung gut abgeschnitten und sitzen nun einigermaßen vorbereitet, durch Lichtschranken und einen Meter Abstand voneinander getrennt, der spannenden Herausforderung an ihr Wissen gegenüber.

Alles läuft bestens, doch plötzlich öffnet sich die Falle – es kommt die Frage, auf die keiner der beiden die Antwort kennt. Der Zähler weist bereits einen attraktiven Gewinn aus und die Möglichkeit zu tauschen ist vorbei. Vernünftig wäre nun, an diesem Punkt auszusteigen und das gewonnene Geld zu nehmen. Hier meldet sich nun das Vertrauen in das so genannte Bauchgefühl zu Wort. Besonders Karin vertraut ihm aus Erfahrung. Also beschließt sie, sich der Herausforderung zu stellen. Sie hat die Wahl unter vier Antworten, von denen drei falsch sind. Sie lässt das Publikum an ihren Überlegungen teilhaben, tippt erst einmal auf Antwort C, weil die so schön lustig klingt, zaudert jedoch kurz vor der endgültigen Entscheidung, horcht zur Sicherheit noch einmal in sich hinein, um dann mit Überzeugung in der Stimme auf D zu tippen. Womit Markus der schwarze Peter zufällt. Er kennt die richtige Antwort ebenso wenig wie Karin. Also hält er Innenschau und lauscht auf das eigene Bauchgefühl. Erst passiert gar nichts. Doch dann klingt leise eine Erinnerung an, aus alter Zeit ist ihm ein Begriff vage vertraut, aber dieser deutet auf eine andere Lösung als die von Karin gewählte. Er steht nun vor der teuflischen Alternative, dieser Erinnerung vertrauend zugunsten seiner Idee ein Veto einzulegen und zu riskieren, dass er möglicherweise die richtige Antwort Karins kippt und eine Menge Geld in den Sand setzt – aber, falls er sich heraushält und es sich hinterher erweisen sollte, dass seine Idee richtig gewesen wäre, könnte er sich die Dummheit ebenso wenig verzeihen. Zum Schluss wird die Zeit knapp, der Quizmaster mahnt behutsam, endlich zu Potte zu kommen – und Markus beschließt, lieber mit weniger Geld nach Hause zu reisen, als den Streit mit seiner Frau zu riskieren. Also stimmt er der Antwort Karins zu und hält sein Veto samt Alternative A zurück. Und dann folgt der Schock. Seine Lösung wäre richtig gewesen.

–

Das Schicksal der Horns ist beispielhaft für unseren unsachgemäßen Umgang mit der Intuition. Das Problem steckt nicht unbedingt in dem Umstand, dass wir etwas nicht wissen – das Problem sind unsere vagen, schwankenden Gefühle, die uns bei der Konfrontation mit einem unbekannten Sachverhalt überfallen. Karin schaufelte sich durch das Hin-und-her-Pendeln zwischen alternativen Antworten selbst ihr Grab. Auch Markus Horns Erinnerungen an die möglicherweise richtige Antwort folgen dem gleichen Muster: Während ihn die Ahnung der Lösung anweht, spielt ein anderer Teil seines Gehirns den *advocatus diaboli* und verunsichert ihn gründlich genug, dass er passt. Karin könnte durchaus ihrer Intuition vertrauen, vorausgesetzt, sie würde sie anders einsetzen. Ein intensiver Blick auf die Frage und die möglichen Antworten, kurz genug, dass der meist aus Halbwissen bestehenden Erfahrung keine Zeit sich einzumischen bleibt, sollte genügen. Und dann muss, wie in höchster Gefahr um Leib und Leben, binnen der Schrecksekunde aus dem Nichts die Antwort kommen. Spontan, mutig und ohne alle Rückversicherung durch abwägende Überlegungen. Das Gleiche gilt für Markus' Ahnung. Hätte er in dem Sekundenbruchteil, da ihn die Antwort anwehte, zugeschlagen, wäre ihm das Versagen erspart geblieben. Entscheidend für das Gelingen intuitiver Entscheidungen ist der Zeitfaktor. Es ist das Zaudern, die Halbherzigkeit, mit der wir unserem sechsten Sinn ins Handwerk pfuschen, die uns scheitern lassen. Erst unser Zögern lässt Gefühlen und Gedanken den Spielraum, ein Chaos anzurichten, aus dem kein Mensch mehr die richtige Antwort herausfiltern kann. Yu wei kommt in solchen Szenarien deutlich ins Spiel, weil die Betroffenen gewaltsam um eine Intuition ringen, was so lächerlich ist wie der Befehl «Sei spontan».

Unter dem Titel *Die unwillkürlichen Augenreflexe des Grasfrosches* veröffentlichte vor Jahren eine Zeitschrift für Aquarien- und Terrarienkunde Auszüge aus einer Doktorarbeit. In einem Satz zusammengefasst, lautete die Kernaussage, dass besagter Frosch nur dann etwas als Nahrungsobjekt oder als Feind erkennt, wenn es sich bewegt. Ich muss um Vergebung bitten, wenn ich das partielle Unvermögen eines Lurchgehirns als Gleichnis für das menschliche Unvermögen heranziehe, gegenüber einer auftretenden Situation oder auch nur eines unerwarteten Anblicks spontan zu fühlen, was sie bedeuten. Bevor ein Gefühl unser Bewusstsein erreicht, mischen sich die Mechanismen des Verstandes ein, packen blitzschnell das aufblühende Gefühl und verändern es. Jedes Gefühl wird auf diese Art in eine bestimmte Richtung gelenkt. Nicht nur dass die intensive Qualität einer Empfindung sofort auf der Strecke bleibt, die Gefühle werden kanalisiert, und zwar passieren sie vor dem bewussten Erleben Kanäle, die vorausgegangene Erfahrungen gegraben haben. Das heißt, unsere Reaktionen auf jeglichen äußeren Vorgang werden grundsätzlich von unserer Erinnerung, unserer Meinung diktiert, und dies ohne Rücksicht darauf, was objektiv tatsächlich geschieht. Auf diese Weise verhindern die Reflexe des eigenen Verstandes, dass das reale Geschehen unmittelbar unser Gefühl anspricht, *ein Gefühl, das in unbeeinflusstem Zustand außerordentlich intelligent wäre.*

Dieser Reflex unseres Gehirns besteht darin, dass es Gefühle erst dann ins Bewusstsein entlässt, wenn sie der subjektiven Erfahrung des Individuums angepasst worden sind. Der positive Aspekt dieses Reflexes ist die scheinbare Wohltat, jedes auftretende Gefühl meistens sofort identifizieren zu können. Gefühle, für die wir einen Namen haben, sind uns vertraut. Und exakt in dieser Vertrautheit schlummert das Potenzial für die Fehlinterpretation einer Situation. Wir reagieren auf beliebige Situationen reflexartig und auf Grund von Matrizen, die sich in unserem Hirn gebildet haben und die unsere Gefühle nach ihrem Muster verändern. Die Täuschung ist infolge der Geschwindigkeit, in der sie stattfindet, perfekt. Wie oft würden wir tausend Eide schwören, soeben ein spontanes Gefühl erlebt zu haben – und hätten tausend Meineide geleistet, denn der Filter in unserem Kopf lässt Spontaneität im Gefühlsbereich aus Sicherheitsgründen nur selten zu. Unser Gehirn macht nur bei äußerster Gefahr eine Ausnahme, wo Erkennen und Aktion blitzartig zusammenfallen. Aber Gefühle sind daran nur mittelbar beteiligt, sie treten erst auf, wenn die Geschichte vorbei ist und anschließend auftretende Ängste sich mit der bewältigten Bedrohung auseinander setzen.

Unser Gehirn reguliert die Wahrnehmung der Vorgänge unseres Lebensalltags – der äußeren ebenso wie der inneren – nach einem festgelegten Ablaufmuster. Zuerst kommt der Sinneseindruck einer Szene, dann erzeugt das Gehirn den Ich-Zustand, also den Empfänger des Sinneseindrucks. Als Nächstes erfolgt der Abgleich mit dem Gedächtnis, ob dort Ähnliches bis Gleiches gespeichert ist – und erst dann, wenn das Hirn Übereinstimmungen gefunden, sie als erträglich freigegeben und dem Gefühl beigemischt hat, wird ihm das Stattfinden genehmigt. Der Mikrosekunden zuvor produzierte Ich-Zustand nimmt es emotional und knapp danach auch verbal zur Kenntnis. Darum ist es für uns auch so schwierig, Gefühle und Gedanken trennscharf auseinander zu halten.

Und nun? Was lösen die vorausgegangenen Betrachtungen bei Ihnen aus? Unglauben? Ratlosigkeit? Ärger? – Oder beginnen Sie zu ahnen, dass in Ihrem Kopf offenbar andere Wirkkräfte, als Ihnen lieb sind, Ihr Fühlen bestimmen? Regt sich der Wunsch in Ihnen, tief und unverfälscht fühlen zu können? Erwacht die Sehnsucht nach einer Intuition, die in jeglicher Situation die richtigen Signale sendet? Und Sie geraten ins Grübeln, wie man wohl dorthin gelangt, in diesen Geisteszustand, der sich nicht von Erinnerungen oder Vorurteilen irreführen lässt. Mit der Erkenntnis, dass ein Wandel dringend geboten wäre, wird auch das Paradox sichtbar, dass genau der Geist, der sich diesen Wandel wünscht, selbst das Hindernis seiner Realisierung ist. Im Grunde ist die Vorherrschaft des Verstandes die Wurzel allen Übels, das heißt, wenn uns etwas hindert, intuitiv und frei von Nebenwirkungen zu fühlen, was richtig und was falsch ist, dann ist es die Übermacht der linken Gehirnhälfte. Wie konnte es dazu kommen? Während der Schulzeit wurde uns der Gebrauch angeborener instinktiver Anlagen wie Spontaneität und Intuition durch unser einseitig auf logisches Denken fixiertes Erziehungsmodell förmlich wegdressiert. Betrachten Sie doch einmal Kinderzeichnungen. Mit zunehmendem Alter verlieren die Bilder ihre Spontaneität, werden genauer und verkrampfter. Es bleiben in der achten oder zehnten Klasse nur wenige zurück, die noch eine Eins im Zeichenunterricht bekommen. In dem Maß, wie der Intellekt sich in eine künstlerische Aktivität einmischt, verschwindet die Kreativität. Wie mehrfach betont, hat rationales, kritisches Denken durchaus seinen Platz, aber für ein gelungenes Leben im Geist von Wu wei sind noch andere Fähigkeiten notwendig. Sie erinnern sich vielleicht, dass beim Klatsch der Leute, wenn sie über die Fehler eines Mitmenschen herziehen, das Adjektiv «instinktlos» fällt. Erich Fromm bemerkte in einem seiner Bücher sinngemäß, dass der moderne Mensch zwar technische Höchstleistungen vollbringe und nach den Sternen greife, aber emotional noch immer in der Steinzeit lebe. Dieser Entwicklungsrückstand hat uns zum Glück auch vor dem endgültigen Verlust aller unserer Instinkte verschont. Überhaupt: Ich mache zwischen Instinkt und Intuition, zweitem Gesicht, sechstem Sinn oder welches Etikett wir dafür verwenden, wenig Unterschied. Und ich habe den Eindruck, dass unser Ur-Instinkt mit dem Tempo der Evolution besser Schritt gehalten hat als unsere Emotionen. Wir nennen ihn heute anders. Darwin würde grüßen, wenn wir zugeben würden, dass das, was heute noch in uns aktiv ist – nur durch seine Anpassung an unser technisches Zeitalter mutiert –, immer noch der gute alte Instinkt ist. Wir müssten, verblieben wir bei dem Namen, eingestehen, wie nahe wir nach wie vor den Primaten sind. Doch beides, Intuition und Instinkt, sind wieder einmal nur Wörter. Den Sinn, der hinter einem Begriff steht, sollte die Lebenspraxis liefern und nicht die Theorie.

Wie sollen wir uns nun angesichts einer derartig verworrenen geistig-emotionalen Situation verhalten? Bleibt es damit unser Schicksal, niemals an ein Handeln heranzukommen, das – nennen wir es beim Namen – von einem sicheren Instinkt, einer präzisen und nicht verschwommenen, von gemischten Gefühlen durchsetzten Intuition geleitet wird? Nein, unsere Sache ist keineswegs verloren. Denken Sie nach: Wird beim Betrachten der Störfaktoren, die unsere kreativen Lebensäußerungen oft im Keim ersticken, nicht nach und nach deutlich, was die Ursache ist? Und ist nicht wie bei den Symptomen einer organischen Krankheit das Erkennen der Ursachen der erste und entscheidende Schritt zur Heilung? Wir haben den Schuldigen an der Misere entdeckt, der allezeit bestrebt ist, bei allen unseren Unternehmungen die Oberhand, das Sagen zu behalten – unseren Intellekt. Gut, wir brauchen ihn, und wir brauchen auch unser Fachwissen, unser Gedächtnis und alles, was sich darin aufhält – aber im Zusammenspiel mit unseren instinktiven Fähigkeiten ist der Verstand ungefähr so brauchbar wie ein gebrochenes Bein! Und es gibt noch einen Trost, der hoffen lässt: Dieses intellektuelle Übergewicht ist nicht angeboren, es ist anerzogen. Wir haben es so gelernt und verwenden es, weil wir nichts Besseres kennen. Und dies verschafft uns die Information, wo wir die Lösung suchen müssen. Einmal gehen wir davon aus, dass uns die nicht vom Verstand kontrollierten Fähigkeiten wahrscheinlich besser aus Krisen führen können, als es uns bisher mit unserer Schulweisheit gelungen ist. Also steht von jetzt an eine Alternative zur Verfügung. Zum anderen wissen wir freilich aus leidvoller Erfahrung aus der Vergangenheit auch, dass es gar nicht so einfach ist, sich kompromisslos auf die inneren Eingebungen zu verlassen. Das Beispiel von Markus und Karin Horn beim Quiz macht es deutlich.

Um die ständige Einmischung des Intellekts in die Prozesse unserer intuitiven Wahrnehmung zu unterbinden, braucht es Geständnisse. Unser Denken, ausführendes Organ des Verstandes, muss kompromisslos einsehen und zugeben, dass es selbst das Problem ist, mit dem es ständig ringt. Wenn Ihnen, dem Besitzer des Gehirns, das sich wie beschrieben verhält, das Fehlverhalten, das hier permanent stattfindet, mit aller Macht und Eindringlichkeit vor Augen tritt, wenn Ihr Bewusstsein es glasklar erkennt, *stellt sich die Änderung ein.* Aber Sie werden Vertrauen in die Alternative aufbringen müssen. Es braucht eine Versuchsanordnung, und Ihr Alltagsleben ist das Labor, in dem die Tests über die Zuverlässigkeit des Nichthandelns stattfinden. Das Nicht vor dem Handeln bezieht sich auf die Intervention der Gedanken. Sie werden zwar nicht verhindern können, dass Gedanken auftreten, nachdem zum Beispiel eine Szene das nonverbale Signal zum Handeln in Ihnen ausgelöst hat. Aber keine Macht der Welt zwingt Sie, auf diese Gedanken zu hören oder ihnen gar zu folgen. Zweifeln Sie in Zukunft lieber an Ihrem Verstand – das klingt nicht schön, aber wer, bitte, hat Sie in die Lage geführt, in der Sie sich heute befinden? Und es muss noch etwas betont werden. Das Signal, wie ich es nenne, hat weder Worte noch Bilder, und es ist genau genommen auch kein Gefühl. Es ist die Ahnung von Wahrheit, das Wissen um Wahrheit, und es tritt *vor* dem Entstehen von Gefühl oder Gedanke auf. Wenn Sie sensibel genug für die Regungen aus der Tiefe Ihres Geistes werden, spielt auch der ständige Zweikampf zwischen Denken und Fühlen keine Rolle mehr für die Treffsicherheit Ihrer Entscheidungen. Denn diese fallen Sekundenbruchteile schneller, als unerwünschte Reaktionen sich dazwischenschalten könnten. Und Ihre innere Stimme lässt sich von den anschließenden Gedanken auch nicht zum Schweigen bringen.

Der Vorschlag, lieber an Ihrem Verstand als an Ihrem sechsten Sinn zu zweifeln, klingt unsympathischer, als er ist. Listen Sie doch einmal die Dummheiten Ihres Lebens auf und buchen Sie sie als Lastschrift auf dem Konto Ihres Intellekts. Entziehen Sie ihm das Vertrauen, wo er nachweislich versagt hat. Lassen Sie sich in das schwarze Loch scheinbarer Entscheidungsunfähigkeit fallen, denn wenn Sie Ihrer Erfahrung zu misstrauen beginnen, hat Ihr Geist kein Werkzeug zum Handeln mehr, und im Hirn bleibt die berüchtigte Leere zurück. Ihr Misstrauensvotum öffnet bereits die Tür zu den bisher übersehenen und blockierten intuitiv-instinktiven Gaben. Und im Gegensatz zur alten Gerätschaft Ihres Entscheidungsapparates, nämlich den ständig sich wiederholenden Gedanken, spuken Ihre Intuitionen nicht andauernd quälend im Kopf herum, sie treten nur dann auf und drängen zur Tat, wenn es akuten Handlungsbedarf gibt, die übrige Zeit haben Sie Ruhe vor ihnen.

–

Im Zusammenhang mit unserem Bauchgefühl rührt sich zu besonderen Gelegenheiten wie Jahreswechsel, Geburtstagen oder anderen Jahrestagen der Wunsch, einen Zipfel des Vorhangs zu lüften, der uns von der Zukunft trennt. Man hat schließlich seine Pläne und Projekte, die oft weit in die Zukunft hineinreichen, und wer wüsste nicht gerne, wie es um deren Aussichten steht. Wohl wissend, dass die Einteilung der Zeit in Vergangenheit, Gegenwart und Zukunft ein Konstrukt unseres Verstandes ist, hoffen wir, aller Vernunft zum Trotz dennoch einen Blick in das zu Erwartende, noch Ungeschehene werfen zu können. Wir wissen um die Existenz von Orakeln, wie dem I Ging, Tarotkarten oder der Astrologie. Beim Horoskop besorgt der Astrologe die Deutung, bei allen anderen Medien ist unsere Intuition gefordert. Wir müssen spontan die Antwort finden, wenn eine bestimmte Karte auftaucht oder das Hexagramm des I Ging ein Urteil liefert. Doch nach den Antworten eines Orakels befinden wir uns nach wie vor an dem Punkt, an dem wir vor der Befragung bereits standen: Wir sind auf das angewiesen, was aus unserer eigenen Tiefe an verborgenem Wissen emporsteigt. Und es gibt tatsächlich so etwas wie einen Blick auf künftige Ereignisse, nur kann dieser allein in der Gegenwart erfolgen, und zwar auf Dinge, die zwar verborgen, aber ebenfalls gegenwärtig sind. Denn ein Teil der Ereignisse, die in der Zukunft *möglicherweise* stattfinden werden, existiert in der Gegenwart bereits als Tendenz. In die Gegenwart sind Ursachen eingefaltet, die früher oder später zu Wirkungen werden können – es aber nicht müssen. Mindestens ebenso zahlreich wie die in der Gegenwart auf Grund von Kausalketten eingelagerten Tendenzen ist der Anteil an Ereignissen, von denen es heute noch nicht einmal eine Spur gibt, weil sie erst in der Zukunft vom Zufall ausgelöst werden. So gesehen, bringt es wenig Nutzen, wenn wir eine Zukunft befragen, von der nicht feststeht, wie viel vom vorhandenen Ereignispotenzial sich überhaupt realisieren wird und zu wie viel Prozent der Zufallsgenerator Anteil am künftigen Geschehen hat. Unbeschadet dieser Unbestimmtheit besitzen wir durchaus das Instrumentarium, diese Tendenzen zu spüren. Wir bräuchten mehr Stille, eine bessere Achtsamkeit für das, was sich aus dem Urgrund des Tao in uns rührt. Und ein Denken, das gewillt ist, die Intuition in Worte und Taten umzusetzen, ohne sie durch Vorurteile zu verfälschen. Denn unser Gehirn ist das Gehirn der Menschheit, und jedes Ding im Universum steht mit jedem anderen in einer Beziehung. Aus diesem Potenzial können wir bei unseren Fragen an die in der Gegenwart eingelagerte Zukunft schöpfen.

Ich würde Ihnen gerne eine Übung in Sachen Blick hinter den Vorhang des Ungeschehenen an die Hand geben: Schreiben Sie Ihre Pläne und Erwartungen für die nähere Zukunft nieder – ein Notizbuch oder ein Schulheft genügt. Schreiben Sie langsam, in Schönschrift und lesbar, kritzeln Sie den Text nicht lieblos hin. Vertrauen Sie Ihre Vorhaben, aber auch alle Ihre Wünsche dem Papier an. Sie werden gewahr werden, dass bereits während des Schreibens Gefühle auftreten, die Ihnen Zuversicht oder Zweifel signalisieren. Lassen Sie alle Emotionen zu, aber beachten Sie sie nicht weiter, verfolgen Sie sie nicht in Ihren Gedanken und messen Sie den Gedanken ebenfalls kein besonderes Gewicht bei. Machen Sie auf keinen Fall den Versuch, für die Realisierung Ihrer Pläne Lösungen zu finden, verzichten Sie auch auf die Niederschrift ausgeklügelter Konzepte. Und nehmen Sie nur so viel in Ihr Exposé hinein, wie Sie vom vernünftigen Standpunkt her in den kommenden Monaten verkraften können. Ein guter Rat: Versuchen Sie nicht, oberschlau zu sein. Jeder Ansatz, das innere Orakel zu beschummeln, geht nach hinten los. Die Intelligenz, die Sie bei dieser Übung ansprechen, reagiert auf jedes Täuschungsmanöver mit Schweigen. Bleiben Sie also auf dem Boden der Wirklichkeit, auch wenn Sie die Sache phantasievoll angehen.

Lesen Sie diese Notizen vor dem Schlafengehen im Bett noch einmal in Ruhe durch – und vermeiden Sie es, Gedanken an das Gelingen oder Misslingen Ihrer Pläne zu verschwenden. In der Nacht, wenn der skeptische Verstand und die trügerischen Hoffnungen eingeschlafen sind, wird sich von Ihrem Unbewussten her eine Intelligenz ans Werk machen und Ihre Fragen ans Schicksal klären. Erwarten Sie nicht, dass Sie die Resultate träumen – sollten sich diesbezügliche Träume einstellen, entspringen sie den gleichen Wirkkräften wie Ihr Denken und Ihre wachen Gefühle. Unternehmen Sie keinen Versuch, etwaige Träume zu deuten, es sind nicht die Antworten, die Sie suchen. Diese Empfehlungen schreibe ich nicht nieder, damit eine weitere Übung zum Kapitelende abgehakt werden kann. Was ich Ihnen rate, ist ein Vorgehen, das ich selbst ab und zu anwende. Wenn an einem beliebigen Tag Fragen auftauchen, die am Abend noch nicht geklärt sind, sehe ich sie mir vor dem Einschlafen noch einmal gründlich an – aber ich unternehme keinen Versuch, eine Problemlösung zu finden. Ich betrachte die Sache nur. Fertig. In den allermeisten Fällen fällt mir am Morgen, meist gleich nach dem Erwachen, die Lösung ein. (Natürlich gibt es auch Ausnahmen, aber die Methode gelingt sehr viel öfter, als sie versagt.) So sollten am anderen Morgen auch die Antworten auf Ihre Fragen da sein. Einfach als Wissen, das vom Gefühl aufgegriffen und vom Denken in Sätze umgewandelt wird. Schreiben Sie die gewonnenen Erkenntnisse zu den Notizen und verfolgen Sie später, wie die Dinge sich realisieren. Und es ist durchaus möglich, dass Ihre Intelligenz zu bestimmten Plänen eine andere Meinung hat als Sie, und die Warnung wird ebenso leise, aber unmissverständlich sein wie das, was Sie als Zustimmung empfangen. Vielleicht erinnern Sie sich, dass Sie früher schon einmal nach einer getroffenen Entscheidung plötzlich ein Gefühl von Richtigkeit empfanden, ein leises Gefühl von Glück und Gelingen. Oder dass sich nach einem fragwürdigen Beschluss das Gefühl einschlich, Sie wären im Begriff, etwas Kostbares wegzuwerfen. Es stellt sich dann ein Gefühl von Verlust ein, das Gefühl, Sie seien ein Verräter an einem Teil von sich selbst. Es sind dies Signale, die unser Geist aussendet, um uns vor Schaden zu bewahren und uns zum richtigen, genauen Handeln anzuleiten. Es liegt in Ihrem Ermessen, welche Bedeutung Sie diesen Mitteilungen aus der Tiefe Ihres Seins zuschreiben.

Ob es Ihnen gelingt, einen Zipfel des Vorhangs, der die Zukunft verbirgt, zu lüften, hängt davon ab, ob Sie die vorgeschlagene Übung ohne jedes Motiv durchführen. Und das bedeutet im Klartext: Es darf sich kein Verlangen einmischen, dass der Versuch gelingt, Sie müssen es so – ja, so gleichgültig angehen, als ob es ein Scherz wäre, an dem Sie nur anderen zuliebe teilnehmen, um kein Spielverderber zu sein.

Das Sissi-Syndrom

Der Kosename der schwermütigen Kaiserin Elisabeth von Österreich dient heute Ärzten und Psychotherapeuten als Synonym für eine spezielle Form von Depression. Betroffene sind nicht sichtbar schwermütig und antriebslos, sie neigen im Gegenteil dazu, ihre Ängste, Selbstzweifel und Wertlosigkeitsgefühle mit gesteigertem Aktionismus zu bekämpfen: Sie stürzen sich mit Volldampf ins Berufsleben, treiben Extremsport oder unternehmen rastlos Reisen. Forscher des Münchner Max-Planck-Instituts für Psychiatrie belegten 1999 in einer Studie, dass die Schwermut weiter verbreitet ist als bislang vermutet. So waren bei durchschnittlich jedem zehnten Patienten, der eine der an der Studie beteiligten Arztpraxen aufsuchte, mindestens vier signifikante Symptome einer Depression feststellbar.

Die Heftigkeit, mit der vom Sissi-Syndrom Befallene ihr Leben gestalten, besitzt die typischen Merkmale willentlicher Anstrengung des Yu-wei-Prinzips. Nur mit dem kleinen, aber bedeutsamen Unterschied, dass die zum Krankheitsbild gehörende Hyperaktivität nicht nur bei den zehn Prozent auftritt, sondern dass sie in meinen Augen der Ausdruck einer kranken Gesellschaft ist, deren Regeln noch für gesund gelten, obwohl sie es längst nicht mehr sind. Ein erheblicher Teil der Menschen unseres Kulturkreises leidet unter einem übertriebenen Leistungsdruck.

Es liegt mir fern, vorhandene ernsthafte Depressionen kurieren zu wollen und der Psychiatrie ins Handwerk zu pfuschen. Ich möchte mit Ihnen gemeinsam erforschen, wie es kommt, dass so viele Menschen ihre Tage unter permanentem Stress verbringen – und zwar auch dort, wo es überhaupt nicht nötig wäre. Oben sind Ängste, Selbstzweifel und Wertlosigkeitsgefühle als die Wurzeln depressiver Zustände aufgezählt. Für den größeren Rest übertrieben aktiver Menschen gilt die Liste ebenso, aber ich möchte sie um den Ehrgeiz mit seinen diversen Spielarten wie Geltungssucht, Machtgier, Habsucht und Neid ergänzen. Ob nun jemand unerkannt unter dem

Sissi-Syndrom leidet oder andere Beweggründe für sein Verhalten hat – die Auswirkungen gleichen sich aufs Haar. Aus der Sicht taoistischen Denkens ist eine solche Jagd nach einem erfüllten Leben Selbstzweck, der nur über die Leere eines unerfüllten Lebens hinwegtäuscht. Wir müssen nun Antwort auf die Frage suchen, warum wir uns so verhalten, wie wir es tun. Weil die anderen sich gleichfalls so benehmen, weil es zum guten Ton gehört, raffgierig, eitel, ehrsüchtig und um jeden Preis erfolgreich zu sein? Wir erfahren täglich über die Medien, welche Opfer gebracht werden, um bestimmte Ziele zu erreichen. Mancher würde für einen Platz im Rampenlicht mehr als nur den kleinen Finger hergeben. Wie oft bleiben besonders bei Männern, die sich auf dem Weg nach oben wähnen, alles Mitgefühl und alle Menschlichkeit auf der Strecke? Und woher rühren die vielen Herzinfarkte? Werfen Sie einen Blick in den Terminkalender eines Betroffenen, addieren Sie hinzu, wie jemand seine Freizeit verplant, sodass selbst Urlaubsreisen zum Stress werden. Wohin wir blicken – wir werden Tag für Tag zu Zeugen einer grundverkehrten Lebensweise. Erich Fromm hat die Gier, mit der in unseren Tagen so viele Menschen auf der Jagd sind, als Haben-Mentalität bezeichnet[15], deren Gegenteil die Sein-Mentalität ist, die weitgehend mit der Geisteshaltung der Taoisten übereinstimmt. Der Haben-Mensch gewinnt seine Identität, seine Bedeutung, sein Selbstwertgefühl aus dem, was er besitzt und was er erreicht hat, während der Mensch in der Existenzweise des Seins *das ist, was er ist,* und nicht das, was er *hat.* Lesen Sie, was Erich Fromm dazu sagt:

Wer bin ich, wenn ich bin, was ich habe, und dann verliere, was ich habe? Nichts als ein besiegter, gebrochener, erbarmenswerter Mensch, Zeugnis einer falschen Lebensweise. Weil ich verlieren kann, was ich habe, mache ich mir natürlich ständig Sorgen, dass ich verlieren werde, was ich habe. Ich fürchte mich vor Dieben, vor wirtschaftlichen Veränderungen, vor Revolutionen, vor Krankheit, vor dem Tod, und ich habe Angst zu lieben, Angst vor der Freiheit, vor dem Wachsen, vor der Veränderung, vor dem Unbekannten. So lebe ich in ständiger Sorge und leide an chronischer

15 Erich Fromm, *Haben oder Sein,* S. 108

Hypochondrie, nicht nur in Bezug auf Krankheiten, sondern hinsichtlich jeglichen Verlustes, der mich treffen könnte; ich werde defensiv, hart, misstrauisch, einsam, von dem Bedürfnis getrieben, mehr zu haben. Ibsen ist mit seinem Peer Gynt eine überzeugende Darstellung eines solchen egozentrischen Menschen gelungen. Peer ist nur von sich erfüllt; in seinem extremen Egoismus glaubt er, er selbst *zu sein, da* er *ein «Bündel von Begierden» ist. Am Ende seines Lebens erkennt er, dass er aufgrund dieser Besitzstruktur seiner Existenz nie er selbst gewesen ist, dass er wie eine Zwiebel ohne Kern ist, ein Unfertiger, der nie er selbst war.*

Wenn ich in der Existenzweise des Habens lebe, zählt mein Ich ebenso zu meinem Besitz wie meine Position in der Gesellschaft, mein Auto, mein Haus, mein Geld oder meine Familie. Emotional benutze ich die Dinge, die ich habe, als Grenzpfähle, mit denen ich rings um meine Identität einen Schutzwall aufrichte, in dessen Mitte mein Ego wie die Achse eines Kinderbrummkreisels um sich selbst rotiert. Aber während materielle Besitztümer samt dem Schatz an angesammeltem Wissen messbar sind, versagen die Maßstäbe, wenn ich mit dem konfrontiert werde, was ich unterhalb der Haben-Schwelle bin. In Momenten der Besinnung tritt jäh die Angst auf, trotz aller äußeren Errungenschaften ein Nichts zu sein, ein Niemand, und der plötzliche Blick auf die eigene Hohlheit treibt mich nur noch stärker zur sinnlosen Jagd nach dem Glück an, das ich auf diese Weise niemals finden werde. Menschen, die sich, ohne dass es ihnen bewusst wäre, dem Sissi-Syndrom nähern, sind ständig auf der Flucht. *Und zwar vor sich selbst.*

Ich will den Broterwerb, das Spielfeld des Workaholic, an dieser Stelle nicht grundsätzlich mit dem Sissi-Syndrom in Verbindung bringen, weil im Beruf extrem gesteigerte Aktivität auch von in Not geratenen Menschen gefordert wird, die ihr Äußerstes geben müssen, um aus der Misere herauszukommen. (Für die es auf dem Weg des Tao allerdings bessere Lösungen als Stress gibt.) Wenden wir uns darum den zahllosen Attraktionen und Zerstreuungen zu, die das Jet-Zeitalter uns bietet. Weil sie über die Bereicherung unserer Freizeit hinaus ideale Fluchtwege sind. Sie beschäftigen die Menschen stark genug, dass ihnen die Konfrontation mit sich selbst erspart bleibt. Bis an die Grenze des physischen Leistungsvermögens betriebene Unternehmungen, Urlaubsreisen in ferne Länder, Expeditionen auf Berggipfel oder Touren durch Wüsten finden immer mehr Liebhaber. Nicht, dass ich jemand die Flugreise in die Karibik nicht gönnen würde, auch nicht die Trekking-Tour durch die Schluchten des Gorche des Verdons oder die Badereise ans Rote Meer. Ich erlebe es im Freundeskreis: Sie unternehmen wirklich attraktive Reisen, und sie genießen diese bis zur Neige. Aber wieder zurück daheim, brauchen sie oft Tage oder sogar Wochen, bis ihr Körper sich von den Anstrengungen des Urlaubs und vor allem von den Nebenwirkungen in Gestalt von mitgebrachten Viren und Bakterien erholt hat.

Haben Sie jemals darüber nachgedacht, ob Ihre vielseitigen Aktivitäten vielleicht Flucht vor sich selbst sind, Flucht vor Niedergeschlagenheit und vor der Notwendigkeit, sich auf sich selbst zu besinnen? Ein Merkmal, das einen glücklichen Menschen auszeichnet, ist seine Selbstgenügsamkeit. Wenn Sie mit sich selbst im Reinen sind, fällt es Ihnen auch nicht schwer, mit sich allein zu sein. Nehmen Sie einmal die Tätigkeiten, die Ihnen wichtig sind, unter die Lupe und untersuchen Sie, in welchem Maß sie Ihnen zur Flucht dienen. Und denken Sie nach: Macht Ihnen bereits die Vorstellung Angst, auf gewisse Dinge, und sei es nur befristet, zu verzichten? Haben Sie nicht manchmal den Eindruck, mehr Stille, mehr Ruhe würde Ihnen gut tun, aber zugleich fürchten Sie sich davor, weil Ihr Verstand Ihnen einflüstert, damit würde Ihr Leben zugleich sein Lust- und Glückspotenzial verlieren? Also bleiben Sie weiter treu auf Ihren Fluchtwegen und reden sich ein, dies sei nun mal Ihr Leben und dies seien Ihre Möglichkeiten, ihm ein wenig von den ansonsten so sparsam zugeteilten Freuden abzugewinnen. Sie daran zu erinnern, dass der Mensch, dem Sie so konsequent ausweichen, Sie überall, wohin Sie sich wenden und was Sie auch unternehmen, begleitet, würde allein nichts nützen. Solange Ihnen die Aktivitäten helfen, die innere Leere zu vergessen, ziehen Sie Ihre Fluchtwege vor. Damit wir uns nicht falsch verstehen: Ich bin durchaus kein Gegner von Vergnügungen als Ausgleich zum Beruf und der Monotonie des Alltags – wogegen ich votiere, ist ihr *Missbrauch*. Automatisch unternommen wird Vergnügen zum Selbstzweck, und den Rest des Lebens empfindet man als die Unterbrechung zwischen zwei lustvollen Ereignissen. Eine solche Grundeinstellung zeugt von Armut an innerem Erleben, und sie legt Zeugnis ab von unserer Furcht, uns der Wirklichkeit zu stellen.

Von Emanuel Geibel stammt der Spruch: *Das ist die klarste Kritik von der Welt, wenn neben das, was ihm missfällt, einer was Eigenes, Besseres stellt.* Dieser Satz trifft mich jetzt selbst. Ich halte Ihnen wortreich die Symptome des Sissi-Syndroms vor Augen, verursache absichtlich Betroffenheit, verderbe Ihnen womöglich den Spaß an etwas, das Sie lieben – und bisher noch kein Wort darüber, was es an Alternativen gibt. Gleich vorweg: Mit dem Tennis aufzuhören oder die Buchung nach Mallorca zu stornieren hilft nicht weiter. Es geht ganz und gar nicht darum, was Sie alles unternehmen – es geht um den Unterschied, ob Sie es als ein Mensch tun, der sich seinem Selbst gestellt hat, oder ob Sie vor sich selbst auf der Flucht sind. Ich kenne nur wenige Menschen, die mit sich selbst zufrieden sind. Die meisten sind immerzu im Werden begriffen, sie streben nach Veränderung, hinweg von purem Sein. Aber auch das Werden ist Flucht vor dem, was ist. Uns graut davor, unbedeutend oder gar ein Niemand zu sein. Tief im Unbewussten schlummert wohl die Einsicht, dass wir uns vergeblich danach sehnen, jemand anderer zu sein, perfekter, leistungsfähiger, bedeutender, begabter, anerkannter, prominenter und was es immer an fiktiven Verbesserungen gibt. Der Schlüsselsatz für ein zufriedenes Leben ohne den zwanghaften Trieb, etwas zu werden, für ein Leben, das dennoch frei ist, die Dinge zu tun, die man liebt, die befriedigen und beglücken, lautet: **Es ist so.** Sobald wir alles Werden aufgeben, sobald wir begreifen, dass wir uns noch nicht einmal annehmen müssen, so wie wir sind, weil wir weder durch Ablehnung noch durch Annehmen das Geringste am Tatsächlichen ändern können; sobald wir aus Einsicht die Bereitschaft aufbringen, niemand mehr sein und niemand mehr werden zu wollen, öffnen sich die Pforten des Unermesslichen. In seinen Lebenserinnerungen berichtet Alan Watts[16] von einer Begegnung mit Krishnamurti im Jahr 1953. Im Verlauf des Gesprächs sagte Krishnamurti etwas Bemerkenswertes: «*Sehen Sie her. Man muss begreifen, dass es nichts, absolut gar nichts gibt, was man tun kann, um sich zu bessern oder zu wandeln. Wenn Sie das vollkommen erfasst haben, werden Sie einsehen, dass es Sie als Wesenheit gar nicht gibt. Wenn Sie diesem Ehrgeiz vollkommen entsagt haben, sind Sie im Zustand wahrer Meditation.*» Er meinte damit natürlich nicht, dass wir als Person überhaupt nicht existieren, er wollte damit ausdrücken, dass es in unserem Innern kein vom Ganzen getrenntes Selbst gibt. Die Bereitschaft, niemand zu sein, erlöst Sie vom Drang, von sich fortzueilen. Weil es dann drinnen keinen mehr gibt, vor dem sich zu fliehen lohnt. Sie ruhen dann in sich selbst, ruhen im Grunde im Nichts, und das ist der Beginn aller Weisheit. Mit diesem Niemand drinnen können Sie dann getrost nach Peking reisen und Maos Grab besuchen oder sich für ein paar Millionen den Mitflug zur Raumstation erkaufen. Was immer Sie tun, Sie werden spüren, dass Sie Frieden gefunden haben. Chuang tzu drückt es im wunderschönen Spruch vom Spatzen aus, den er sagen lässt: *Ich hüpfe von Ast zu Ast, und das ist mir genug, ich verstehe nicht, was die Menschen immer wollen.*

–

Im Zusammenhang mit der eingangs erwähnten Studie gab es auch einen Fragebogen. Er fiel mir beim Lesen eines Aufsatzes im *Spiegel*[17] in die Hände. Nehmen Sie es als eine Übung in Sachen Selbsterkenntnis, und falls Sie mehr als eine Frage bejahen sollten, ist dies kein Grund, in Panik zu geraten.

16 Alan Watts, *Zeit zu leben*, S. 105

17 DER SPIEGEL 46/1999

Haben Sie eine Depression?

Dieser Fragebogen wurde vom Max-Planck-Institut für Psychiatrie in München für die Weltgesundheitsbehörde entwickelt. Kreuzen Sie bei jeder der folgenden Aussagen an, wie Sie sich in den letzten Wochen überwiegend gefühlt haben.

- ☐ Fühlen Sie sich fast durchgängig traurig, niedergeschlagen oder hoffnungslos?
- ☐ Haben Sie so gut wie jedes Interesse an fast allen Dingen verloren, empfinden Sie keine Freude mehr, zum Beispiel auch an Dingen, die Ihnen gewöhnlich Freude bereiten?
- ☐ Haben Sie keinen Appetit mehr oder erheblich an Gewicht verloren? Schmeckt es Ihnen nicht mehr so wie früher?
- ☐ Leiden Sie fast täglich unter Schlafstörungen (Einschlafstörungen, Durchschlafstörungen oder frühem Erwachen am Morgen)?
- ☐ Sprechen und bewegen Sie sich langsamer als sonst? Oder leiden Sie im Gegenteil unter einer inneren Unruhe, sodass Sie nicht still sitzen können, sondern auf und ab gehen müssen?
- ☐ Hat sich Ihr sexuelles Verlangen vermindert, oder ist es gar nicht mehr vorhanden?
- ☐ Haben Sie kein Selbstvertrauen mehr? Fühlen Sie sich wertlos, oder machen Sie sich viele Selbstvorwürfe?
- ☐ Haben Sie Schwierigkeiten, sich zu konzentrieren und sich Dinge zu merken, oder fallen Ihnen sogar ganz alltägliche Entscheidungen schwer?
- ☐ Denken Sie häufig über den Tod nach oder sogar daran, sich das Leben zu nehmen?

Auswertung
(Originaltext Max-Planck-Institut)

Haben Sie mehr als vier Aussagen angekreuzt, leiden Sie wahrscheinlich unter einer typischen Depression. Bitte bedenken Sie jedoch, dass die Auswertung des Fragebogens noch keine eindeutige Diagnose darstellt.

Integrität

Die Abwesenheit von Regeln und Gesetzen, die das Leben im Geist des Tao so liberal gestaltet, lässt zwangsläufig auch eine Menge Lücken offen. Theoretisch bleibt die subjektive Moral des Räubers ebenso ohne Konsequenzen wie die Güte des Heiligen. Nirgendwo in der Ewigkeit drohen Strafen oder locken Belohnungen, auch kein Karma schreckt durch Visionen endloser Wiedergeburten im Elend. Aber bleibt hier nicht ein Vakuum zurück, das jeglicher Anarchie Tür und Tor öffnet? Im alten China gab es als Gegengewicht zur Ungezwungenheit der Lehren Laotses die Lebensregeln eines Konfuzius, die bis ins Detail hinein regelten, welches Maß an Güte auf die nächsten Angehörigen, die ferner stehenden Menschen und schließlich sogar auf die Haustiere anzuwenden war. Die taoistischen Weisen messen menschliches Verhalten mit einem anderen Maß. Die Erkenntnis der Identität mit dem Urgrund der Dinge – davon geht Laotse eindeutig aus – sollte eine Integrität herstellen, aus der heraus der Mensch des Tao lebt und ergo die Verhaltensregeln nicht braucht, die den Unwissenden im Zaum halten müssen.

Ein volkstümliches Wort für Integrität ist Rechtschaffenheit. Die heutige Generation freilich hält den Begriff für ein Relikt, das am besten aus den Wörterbüchern verschwinden sollte. Rechtschaffenheit hat inzwischen den Beigeschmack von Biederkeit, es erzeugt spontan die Vorstellung eines Menschen, der arglos ist, treu, zuverlässig – und leicht auszunützen. Jemand, den der Raffinierte jederzeit bei Geschäften übervorteilen kann, weil der andere noch an den Wert eines Handschlags glaubt. Doch eine Rechtschaffenheit im Sinne der Philosophie des Tao hat keinerlei Ähnlichkeit mit Naivität oder übertriebener Gutmütigkeit, die laut Volksmund ein Stück Dummheit ist. Jeder spontane Impuls eines Menschen, der sich den Prinzipien des Nichthandelns verschrieben hat, führt auch alle Merkmale absoluter Integrität mit sich. Wenn Sie sich je im Zweifel sind, ob eine Anregung aus der Tiefe Ihres Bewusstseins, aus dem Geist des Tao kommt – Sie werden es daran erkennen, dass genaues, richtiges Handeln niemals Wesensbestandteile von Verrat, Untreue oder Falschheit enthält. Die ungeschriebenen Grundlagen der taoistischen Ethik wurzeln in Liebe und umfassendem Mitgefühl. Und die Antriebskräfte unseres Handelns lassen sich von dem Grundsatz leiten, dass alle Dinge, die uns begegnen, mit uns verbunden sind.

Unsere Integrität wird vom weltweiten Geschehen täglich auf eine harte Probe gestellt. Ein großer Teil unserer Mitbürger lässt die überwältigende Zahl von Schrecknissen nicht mehr an sich heran, weil sie genug persönliche Sorgen haben und mit fremdem Leid einfach nicht mehr fertig werden. Es ist eine alte Weisheit: Wer aus Not ständig mit den eigenen Problemen beschäftigt ist, kann die Schmerzen anderer nicht bis zu sich durchdringen lassen. Wenn in den Nachrichten Bilder von gewaltigen Naturkatastrophen zu sehen sind und von einer Unzahl Toter und Vermisster die Rede ist, kann kaum jemand sich spontan in das Leid jener betroffenen Menschen hineinfühlen. Seitdem Wirbelstürme, Überschwemmungen und Brandkatastrophen an allen Ecken unsere Erde heimsuchen, sind wir schon derart betäubt, dass wir inzwischen nicht einmal mehr aufschrecken, wenn von «nur» einem Dutzend Opfern bei einem Bombenanschlag gesprochen wird. Wir sind zunehmend an drei- bis vierstellige Opferzahlen gewöhnt. Ereignisse dieser monströsen Größenordnung übersteigen unser geistiges Fassungsvermögen, wir vermögen die Summe des entstandenen Elends emotional nicht mehr zu bewältigen.

Wir wissen natürlich, dass wir als Einzelne zu schwach sind, um an den Dingen etwas zu ändern, zumal die zunehmenden Katastrophen Konsequenzen aus einem Jahrhundert bedenkenloser Industrialisierung sind, in deren Verlauf Bäume und Tiere bedenkenlos geopfert worden sind. Im Geist des Tao lebend, dürfen wir nicht zulassen, dass wir gegen diese Ungeheuerlichkeiten abstumpfen. Was das Prinzip von Wu wei von uns fordert, ist Empathie. Integrität bedeutet in diesem Zusammenhang Zuständigkeit, und zwar uneingeschränkte, die nicht nur unsere Familie oder unsere Geschäfte umfasst. Es kostet uns nichts als ein wenig mehr Verwundbarkeit, wenn wir aus dem Augenblick heraus, wenn uns wieder eine neue Katastrophennachricht erreicht, spontan mitfühlen. Das darf durchaus in wütenden Protest ausarten, wir verwehren uns nicht unserem Zorn über die Zustände. Wer so seinen Gefühlen freien Lauf lässt, vermeidet Widerstand, sagt schon Chuang tzu. Ein Gefühl auszuleben ist gesünder und anständiger, als es zu verdrängen. Letzteres bedeutet ohnedies nur ein Aufschieben, wir laden alle negativen Eindrücke auf einer Müllkippe ab, die eines Tages auf unsere Kosten, auf Kosten unseres Seelenfriedens entsorgt werden muss.

Integrität bedeutet also, sich vom Leiden seiner Mitmenschen berühren zu lassen.

Doch wer von uns ist sich schon bewusst, dass er in seinem Wesen die ganze Menschheit in sich trägt? Im Gleichnis vom Netz der Indra wird unsere Welt als gewaltiges Netz beschrieben. An jedem Knoten befindet sich eine Perle. Und in jeder dieser Perlen spiegeln sich alle anderen Perlen des Netzes wider, und jede dieser Perlen ist in der Spiegelung in allen anderen Perlen des Netzes enthalten. Unser linear arbeitender Verstand kann sich die Parabel bestenfalls in Gestalt einer mathematischen Formel vorstellen, aber um die Perlen-Metapher als Tatsache im Hier und Jetzt zu realisieren, ist er überfordert. Wenn wir nur eine Ahnung von der Wahrheit dieser Beschreibung des Kosmos spüren können, dann sind wir einen entscheidenden Schritt weiter.

Das Zusammenleben, getragen von persönlicher Integrität im Sinne des Taoismus, würde nicht ins Chaos führen, weil niemand mehr in Verfolgung seiner Interessen Gewalt gegen andere ausüben würde. Die Norm wäre ein rücksichtsvolles, vom Respekt vor den Anliegen unserer Nächsten geprägtes Verhalten. Ein Volk, das mit seinen Mitmenschen solidarisch ist und sich entsprechend verhält, könnte ungeheuer viel erreichen. Unsere Wirtschaft würde genesen, wenn wir uns als Verbraucher konsequent an Regeln halten würden, die von Rechtschaffenheit getragen sind. Vielleicht erinnern Sie sich an den Streit vor etlichen Jahren, wo es um eine Ölplattform der Firma Shell ging. Die Autofahrer verbündeten sich damals gegen den Mineralölkonzern und tankten andere Marken, bis der Ölgigant in die Knie ging – und das dauerte gar nicht mal so lange. Wenn das Volk, und zwar jeder Einzelne, so auf die Ankündigung einer Bank oder eines Automobilherstellers, Tausende Arbeitsplätze einzusparen, reagieren würde und man dort seine Konten kündigen oder einige Monate oder sogar länger die entsprechende Automarke nicht mehr kaufen würde, weder neu noch gebraucht – wir hätten bald wieder Ordnung dort, wo heute seitens der neuen Pharaonen Willkür herrscht. Wenn florierende Unternehmen ohne Rücksicht auf die Menschen, die ihnen über eine oder mehrere Generationen hinweg zu Profit und Wachstum verholfen haben, ihre Betriebsstätten ins Ausland verlegen, dann gibt es leider kein Gesetz, das sie zwingt, ihre Waren auch dort zu verkaufen. Aber wir, die Verbraucher, und zwar als Kollektiv, nicht bloß als Protest von Einzelnen, engagierten Menschen, wir hätten durchaus die Möglichkeit, solche Erzeugnisse zu boykottieren und den Managern den Spaß an noch mehr Profit auf Kosten der Würde ihrer einstigen Mitarbeiter – und nicht zuletzt auf Kosten der Staatskasse – zu verderben.

Wenn Sie, liebe Leserin, lieber Leser, bereit sind, diese Integrität in Ihrem alltäglichen Verhalten zu realisieren, heißt das auf keinen Fall, dass Sie damit auf die Verliererseite wechseln. Aber es bedeutet, dass Ihr Verhalten sich deutlich von der Mentalität Ihrer weniger einsichtigen Mitmenschen unterscheidet. Und es bedeutet, dass Sie weitaus mehr Achtsamkeit und Zuneigung für alle Wesen aufbringen, die sonst in Ihrem Einflussbereich zu kurz kommen. Ich sagte Wesen, weil bei Menschen deutlich wird, was wir ihnen zuweilen antun, wenn wir aufmerksamer hinschauen. Aber ich beziehe auch Tiere und Pflanzen mit ein, soweit sie von uns abhängig sind. Sie haben verglichen mit uns Menschen nur äußerst minimale Rechte. Der französische Philosoph Jacques Derrida[18] betonte in einer Vortragsreihe dieses Missverhältnis, und ich lasse hier einen Auszug folgen:

In dem Raum, dem ich diese Bemerkungen zuordne oder in dem ich diesen Diskurs wiederherstelle, sagt man nicht, dass einem Tier Unrecht oder Ge-

18 Jacques Derrida, *Gesetzeskraft. Der mystische Grund der Autorität*, S. 37

walt angetan wird; noch weniger redet man von Gewalt und Ungerechtigkeit im Hinblick auf Pflanzen und Steine. Man kann ein Tier quälen, man kann es leiden lassen: niemals wird man jedoch im eigentlichen Sinne behaupten, dass es sich um ein Subjekt handelt, dem man Schaden zugefügt hat, um das Opfer einer Gewalttat, eines gewaltsamen Todes, einer Vergewaltigung oder eines Raubes, eines Meineids; a fortiori gilt, wie man glaubt, dass man so auch nicht über Pflanzen und Mineralien (oder über dazwischen liegende Arten wie den Schwamm) reden kann.

Ich rede hier nicht von Tieren und Pflanzen, die wir für unsere Ernährung brauchen. Alles organische Leben basiert auf einer Nahrungskette, bei der ein Lebewesen sich beim nächstschwächeren bedient. Wir Menschen stehen bei unseren Ressourcen, uns zu verteidigen, letztlich nur noch auf der Speisekarte von Viren und Bakterien. Aber Integrität, gleich, ob es die eines Fleischessers, Vegetariers oder Veganers ist, drückt sich darin aus, dass er sich bei der Beschaffung seiner Nahrung jeglicher tier- und pflanzenquälerischer Massenproduktion verweigert und lieber ein paar Cent oder Euro mehr auf den Tisch legt, als diesen kranken Strömungen nachzugeben. Ich unterstelle, ob das jemandem einleuchtet oder nicht, auch bei Pflanzen das Vorhandensein eines Bewusstseins. Der Unterschied zwischen einem Tier, das geschlachtet wird, und einem Kohlkopf ist aus meiner Sicht unter Berücksichtigung der verschiedenen Nervensysteme einzig der, dass der Kohlkopf nicht hörbar schreit, wenn man ihn zerlegt.

Doch zurück zum Thema. Gehen Sie einmal in sich und überlegen Sie, wie Sie zu Tieren und Pflanzen allgemein stehen und wie Sie jene, die von Ihnen abhängig sind, behandeln. Erkennen Sie in ihnen Lebewesen, die Gefühle und Bedürfnisse haben? Haben Sie jemals einem Tier oder sogar einer Pflanze ein Versprechen gegeben und es dann auch eingehalten? Wie verhalten sich denn viele unserer Mitmenschen gegenüber Haustieren oder Zimmerpflanzen, wenn die Ferienreise naht und sie unbequem geworden sind? Verdorrt dann der Philodendron auf der Fensterbank, wird die Katze kurzerhand sich selbst überlassen oder der erst vor ein paar

Monaten angeschaffte Hund an den Laternenpfahl vor einer Tankstelle gebunden und seinem Schicksal überlassen? Ich unterstelle Ihnen keine dieser Taten, aber ich erwähne sie, damit unmissverständlich klar wird, wie Rechtschaffenheit selbst in scheinbar unbedeutenden Dingen beschädigt wird. Und denken Sie nach: Können Sie sich ernsthaft vorstellen, dass ein Mann, der seine Katze hungern lässt oder seinen Hund tritt, wirklich fähig ist, seiner Frau ein guter, liebevoller Gefährte zu sein? In diesem zugegeben vielfach aus Unkenntnis und Ignoranz erwachsenen Verhalten drücken sich Charakterzüge aus, denen jegliche selbstkritische Moral fehlt. Und ich meine, dass Menschen mit diesem Charaktermangel im Falle eines Falles ebenso bedenkenlos fähig sind, ihren Lebenspartner zu betrügen oder zu verlassen oder andere Menschen, die ihnen vertrauen, zu übervorteilen.

Die Philosophie des Tao erklärt Moral und Anstand, aber sie schreibt sie nicht vor. Wer sich in das in seiner Tiefe schlummernde Wesen des Unermesslichen hineinfühlt, wird bald immer weniger begreifen, wie unüberlegt und wenig liebevoll er trotz guten Willens in der Vergangenheit manchmal mit den Wesen und Dingen seines Umfeldes umgegangen ist. Wenn Sie sich den Impulsen Ihrer Intuition öffnen, werden Fragen über Moral und Ethik kein Gegenstand von Überlegungen mehr für Sie sein. Wer dem Weg des Tao folgt, betreibt keine Werbung für seine Ideen, auch fällt er nicht durch übertriebene Betonung höherer moralischer Grundsätze auf – er bewegt sich zufrieden und ohne großes Aufhebens mit dem Lauf der Dinge, und sein Handeln wird in jeder Situation von Achtsamkeit, Sorgfalt und Menschlichkeit geleitet sein.

–

Achten Sie doch ab heute hin und wieder auf den Entwicklungsstand Ihrer Integrität in ganz alltäglichen Szenen. Dies ist zugleich eine Übung in Aufmerksamkeit und stellt auf die Probe, wie tief Ihr Verständnis für die scheinbar unbedeutenden Dinge reicht. Ich will Ihnen eine kleine Kostprobe davon geben, was ich meine:

Sie stehen hinter dem Haus vor dem verwachsenen Zwetschgenbaum. Und überlegen. Führen ein Selbstgespräch, diesen Baum betreffend. Er bringt kleine bis winzige Früchte, eigentlich eher dünn eingepackte Kerne. Im Weg steht er nicht, aber man könnte an den Platz etwas pflanzen, das entweder schöner aussieht oder bessere Früchte bringt. Sie grübeln vor sich hin murmelnd über Sein oder Nichtsein des Baumes. Und Sie wissen nicht, was der Baum versteht. Ob er hören oder gar sehen kann oder ob er nur ein tumbes Gewächs ist. Begreift der Baum Ihre Überlegungen, ob Sie ihn entfernen wollen, oder begreift er sie nicht? Und falls er begreift – fürchtet er dann um seine Existenz? Wie reagiert ein Baum, über dessen Fällen oder Nichtfällen jemand laut sinniert? Spürt er die Unschlüssigkeit, quasi den Zufallsgenerator, von dem sein Fortbestehen abhängt? Könnte es nicht sein, dass jedes Lebewesen bis hin zur Amöbe, zum Grashalm oder zum neu geborenen Planeten über Bewusstsein verfügt, das nur wir Menschen in unserer Überheblichkeit als verschieden von dem unseren ansehen? Ist es nicht möglich, vielleicht sogar wahrscheinlich, dass dieses Bewusstsein mit unserem Grundgefühl, ein Mensch zu sein, dem Gefühl des Vorhandenseins, des Werdens und Vergehens übereinstimmt?

Mit der Achtsamkeit gegenüber einem für Sie kaum wichtigen Baum ist Ihre Integrität vielleicht ein wenig überfordert, das gebe ich gerne zu. Aber beantworten Sie doch bitte einmal die nachfolgenden Fragen und geben Sie sich für jede richtige Antwort einen Punkt. Ich will nicht mit Ihnen wetten, aber ich glaube nicht, dass Sie sich sehr viele Punkte zuteilen können. Dabei ist die folgende Aufzählung verpasster Anteilnahme relativ kurz im Vergleich zu der Menge an Eindrücken, die Ihnen Tag für Tag entgehen – im Extremfall bis zur Verarmung Ihres visuellen Erlebnisspektrums. Versuchen Sie sich zu erinnern, liebe Leserin, lieber Leser. Wie war die junge Frau an der Kasse des Supermarktes neulich gekleidet? Trug sie Billigware, sah man ihr die Bedürftigkeit an, die ihr der 400-Euro-Job aufzwingt? Wie trug sie die Haare? Hatte sie eine Brille auf? Was für eine Farbe hatten ihre Augen? Bringe ich Sie mit der Fragerei in Verlegenheit? Oder ärgern Sie sich gar – was geht Sie schließlich eine fremde Frau an oder der Substitut, der Waren im Regal nachgefüllt hat und Ihnen mit seinem Stapler ums Haar über die Zehen gefahren wäre? Blickte er zufrieden in die Welt, oder drückte seine Miene Verdruss aus, Trauer über versagte Chancen? Oder Ihr Arzt. Wie lange kennen Sie ihn schon? Fiel Ihnen trotz des Ärgers über die 10 Euro Praxisgebühr je auf, dass er seit Ihrem letzten Besuch deutlich gealtert ist, erkennen Sie seine Erschöpfung nach Dutzenden von Patienten, deren letzter Sie heute sind? Würden Sie merken, wenn die Sprechstundenhilfe verweinte Augen hat? Oder dass Nachbars Mischlingshund immer grauer um die Schnauze herum wird? Wie fühlen sich die Geranien auf Ihrem Balkon, wirken sie wohl versorgt oder vernachlässigt? Die Liste ließe sich endlos fortsetzen. Manches mag ja nicht zutreffen, womöglich meiden Sie Supermärkte und ziehen den Bioladen vor. Gut, dann gilt das Spiel mit erinnerter Aufmerksamkeit eben der Verkäuferin, die Sie bediente. Haben Sie je auf die Menschen geachtet, die vor der roten Ampel im Fahrzeug neben Ihnen warteten? Sie dürfen bei dieser Übung gerne die Aufzählung durch Dinge ergänzen, an die Sie sich aus der vorigen Woche positiv erinnern, und sie Ihren Punkten zuzählen.

Wie immer das Ergebnis ausfällt – es wird Ihnen helfen, sensibler, aufmerksamer und vor allem lebendiger zu sein. Die Absage an das Yu-wei-Syndrom erzeugt eine neue Denkstruktur, die bis in die Tiefe der Psyche reicht. Sie kommt aus persönlicher Einsicht und wird nicht das Resultat äußerer Beeinflussung sein. Das umfassende Mitgefühl wird im Taoismus nicht befohlen, es stellt sich bei Menschen von allein ein, die in Freiheit im Gegensatz zu der Ignoranz ihrer Umwelt leben und sie auch ertragen können.

Was Liebe ist

Was ist sie, die Liebe? Und welche Rolle spielt sie in der taoistischen Philosophie im Vergleich zum Christentum? «Liebe ist nur ein Wort» heißt ein Buch des Schriftstellers Johannes Mario Simmel – aber TAO ist ebenso wie GOTT auch nur ein Wort. Erich Fromm[19] erklärt Liebe so: *«Liebe» ist eine Abstraktion; vielleicht eine Göttin oder ein fremdes Wesen. In Wirklichkeit gibt es nur den Akt des Liebens. Lieben ist ein produktives Tätigsein. Es impliziert für jemanden oder etwas zu sorgen, ihn zu kennen, auf ihn einzugehen, ihn, es zu bestätigen, sich an ihm zu erfreuen, sei es ein Mensch, ein Baum, ein Bild, eine Idee. Es bedeutet, ihn, sie, es zum Leben zu erwecken, ihre Lebendigkeit zu steigern. Es ist ein Prozess, der einen erneuert und wachsen lässt.*

Damit ist allerdings nur eine Seite des Liebens berührt, unsere Sprache unterscheidet eine Vielzahl von Arten der Liebe: Gottesliebe, Menschenliebe, Gattenliebe, Mutterliebe, Vaterliebe, Kinderliebe, Vaterlandsliebe, Tierliebe und andere Facetten der Liebe. Würden wir hier über Gott reden, wäre die Antwort klar: Gott ist die Liebe, und ergo handelt es sich bei allen Angelegenheiten, bei denen die Liebe ins Spiel kommt, zugleich um göttliche Angelegenheiten. Dass Er die Liebe ist, steht in der Bibel, und zwar im Neuen Testament, dort, wo auch von Gnade und Erlösung von allem Übel die Rede ist. Im Alten Testament tritt Gott als Gesetzgeber, als Beistand und Beschützer der Guten und Rächer der Bösen auf. Die Vorstellung von der Existenz einer höheren Macht, an die sie sich in Krisenzeiten um Hilfe wenden können, ist für viele Menschen oft der einzige Trost. Selbst jene, die sich ihre eigene Lebensphilosophie zurechtgezimmert haben, weil ihnen das klassische Gottesbild fragwürdig und zweifelhaft erscheint, haben sich den Glauben an metaphysische Kräfte bewahrt, die im äußersten Notfall helfend bereitstehen. Für den gläubigen Christen ist Gott mit dieser transpersonalen Macht identisch. Freilich weiß er zugleich, dass er kei-

19 Erich Fromm, *Die Kunst des Liebens*, S. 58

nen grundsätzlichen Rechtsanspruch auf Gottes Eingreifen hat, die Hilfe steht zu Bedingungen zur Verfügung, die von Seinen Statthaltern auf Erden gesetzt worden sind. Man kann sich auf die Liebe des Himmels nur als Tauschobjekt für Wohlverhalten verlassen, oder im Extremfall wird sie zuteil, wenn jemand sich spontan bekehrt, sein Damaskus erlebt und alle möglichen Schwüre leistet, sein Leben wer weiß welchen guten Werken zu weihen, wenn nur dieses Unheil von ihm genommen würde. Die Bedingungen, die an göttliches Wohlwollen geknüpft sind, erscheinen mir reichlich willkürlich, insbesondere wenn sich jemand aus Furcht daran hält und sogar bei seinen Bemühungen übers Ziel hinausschießt, weil ihm die Grenzbereiche, in denen ihm Gottes Zuneigung wieder verloren geht, nur vage bekannt sind.

Und das Tao? Von dem niemand etwas weiß? Über dessen Wesenszüge keine Aussagen machbar sind? Wie sollte jemand ein derart fremdes Element als Hilfe in seinen Bedrängnissen ansehen können? Liebe erwarten? Wie bereits erwähnt, sagt man Gott nach, er sei die Liebe, aber was sonst noch über den rächenden, strafenden, gestrengen Herrn des Himmels verlautbar wird, stimmt nicht unbedingt zuversichtlich. Wenn ich nun erklären würde, das unbekannte, unmöglich zu beschreibende Tao sei der Urgrund aller Liebe und allen Mitgefühls – was wäre Ihre Reaktion darauf? Stehe ich dann nicht der gleichen Frage gegenüber, die sich zahllose Christen angesichts der Zustände auf unserer Welt über ihren Gott schon gestellt haben: Wie kann er dies alles zulassen? Was analog hieße: Wie kann es das Tao zulassen? Nun, Gottes Diener und die von ihnen verfassten Schriften behaupten, er sei allmächtig und der Lenker aller Dinge. Ergo ließe Gott sich durchaus für die Zustände auf Erden verantwortlich machen – und diese Zustände sind nicht unbedingt eine Referenz für Güte und Gerechtigkeit. (Der Hinweis, dass diese Gerechtigkeit auch im Jenseits stattfinden könne, ist für die Betroffenen selten ein Trost.)

Das Tao ist auf der einen Seite der unbekannte Grund geblieben, aber auf der anderen – die die Taoisten TE (Leben, Energie) nennen –

ist es selbst zur Schöpfung, selbst Mensch geworden. Die meisten Menschen erkennen das Tao in sich nicht, weil sie mit anderen Überzeugungen leben, und im Gegenzug ist das Tao vergessen worden. Das Wesensmerkmal des Tao, die Fähigkeit zu lieben, die Gabe, sich mit dem Ganzen zu identifizieren, ist seit dem ersten Ansatz der Schöpfung, seit der Zeit, als es noch nicht einmal das Nichts gab, vorhanden. Und aus taoistischer Sicht gibt es für das Unheil in dieser Welt keinen Erklärungsnotstand: Die hässlichen menschlichen Strebungen verwandeln mit Hilfe der Regungen aus dem Reptilien-Stammhirn die positiven geistigen Energien des Grundes in Gewalt und Unglück. Vom Standort des unbewegten Bewegers aus treten die guten wie die bösen Strömungen aus dem Nichts auf und fließen wieder dahin zurück. Es wird nicht gerichtet, nicht belohnt und nicht bestraft – das TE kehrt zu sich selbst in den Grund zurück. Es ist jedermanns Sache, ob er seine Identität mit dem Tao entdeckt und diese ursprüngliche Erfahrung macht, die sein Leben positiv verändert, oder ob er es sein lässt. Auch die Lebenshilfe, die vom Tao ausgeht, ist nicht wie beim Walten Gottes an Bedingungen geknüpft. Es reicht aus, dass der Urgrund im Menschen sich seiner selbst bewusst wird. Und da Sie und der Urgrund trotz aller Irrtümer, trotz allen Unwissens ein und dasselbe sind, das jetzt fließende Tao, würde ein winziger Schwenk vom Irrtum zu den tatsächlich herrschenden Energieverhältnissen hin genügen, um Ihr Leben in Ordnung zu bringen. Mit dem feinen, aber fundamentalen Unterschied, dass außer Ihnen keine andere Macht in die Dinge einzugreifen braucht. Grob gesagt, befindet sich die helfende Hand, nach der Sie früher im Himmel Ausschau hielten, am Ende Ihres eigenen Armes, es ist die in Ihnen schlummernde und mit Ihrem wahren Wesen identische Energie des Urgrundes, die die Dinge ins Lot bringt und deren Intelligenz alle Ihre Entscheidungen und Handlungen befruchten würde.

Im Gegensatz zur Legende von der Liebe Gottes *liebt das Tao uns nicht*! Aber: Es ist der Urquell aller Liebe, und ergo ist unser ursprüngliches Wesen mit dieser Liebe identisch. Halten Sie einmal für Sekunden Ihre Gedanken zurück, und Sie werden, wenn Ihre Gefühle nicht ganz und gar tot sind, erleben, wie auf der Stelle Mitgefühl Ihr Gemüt erfüllt, ein Gefühl großer Sympathie, das umfassend ist und nicht auswählt. Wir könnten diese Liebe in unserem Leben realisieren, allerdings nicht eingesperrt in diese enge Rinne, die wir als unsere individuelle Identität um uns herum gegraben haben. Sie umfasst die ganze Menschheit und manchmal, zum Glück nicht einmal so selten, schimmert sie hindurch oder bricht offen hervor, in Gestalt spontaner, uneigennütziger Zuneigung oder Hilfsbereitschaft. Wenn der Kontakt mit dem Unermesslichen geschieht, ist das wie das Hereinströmen der Flut nach langer Ebbe, das explosive, umfassende Grundgefühl einer Zuneigung zur ganzen Welt. (Hat das nicht auf einer kleineren Ebene jeder von uns schon erlebt? Im Rausch des Gelingens, im Liebesglück? Dass man am liebsten die ganze Welt umarmt hätte? Erinnern Sie sich?)

Ist nun die Gott zugeschriebene und im Wesen des Tao begründete Liebe eine andere als jene, die wir aus unseren Liebesbeziehungen kennen und von der es etliche Spielarten gibt? Existiert sie überhaupt, die umfassende Liebe, und wie wirkt sie in unser Leben hinein? Ich muss noch einmal Erich Fromm[20] zitieren, denn kaum ein anderer Mensch hat tiefer gehende Erkenntnisse dieses Phänomens gewonnen: *«Wenn ich zu einem anderen sagen kann: Ich liebe dich, muss ich auch sagen können: Ich liebe in dir auch alle anderen, ich liebe durch dich die ganze Welt, ich liebe in dir auch mich selbst.»*

Wie kann ich erreichen, dass diese Worte kein Lippenbekenntnis sind? Wie unterscheidet sich diese Haltung von der subjektiven Liebe, der aus dem Wunsch, den anderen zu besitzen, geborenen Verliebtheit? Ist diese subjektive Liebe nur ein Gefühl wie jedes andere, wie Zorn, Freude, Angst, Trauer, oder ist sie mehr? Ist es eine Tätigkeit, wenn ich sage, ich liebe? Ist Liebe etwas, das man macht, wie *Liebe machen* als Synonym für den Koitus? Oder sind die Gefühle der Zuneigung zwischen den Geschlechtern keine zweite Variante der Liebe, sondern der Abglanz von etwas, dessen Wurzeln in vormenschliche Stufen hineinreichen? Etwas, das trotz unserer Über-

20 Erich Fromm, *Die Kunst des Liebens*, S. 58

heblichkeit, mit der wir uns für die Krone der Schöpfung ausgeben, auch von anderen Lebewesen gespürt wird? Es ist gar nicht so unwahrscheinlich, dass ein Felsblock, ein Stern, eine Pflanze, ein Tier über eine Art Bewusstsein verfügt und ebenso wie wir die Anlagen zum Lieben besitzt.

Die als Verliebtheit auftretende Liebe braucht, wie Freude, Trauer oder Sehnsucht, einen Auslöser. Es sind dies alles Gefühle, die, durch Situationen oder Erinnerungen ausgelöst, aus dem Nichts hervorbrechen. Richtig gefühlt, würden sie wie der Ton einer Glocke zu ihrem Höhepunkt emporsteigen, langsam ausklingen und wieder ins Nichts entschwinden. Im Reigen unserer subjektiven Gefühle verhält Liebe sich wie alle anderen: Sie tritt bei gewissen Anlässen auf, erblüht und vergeht wieder. Doch unterhalb der Schwelle unseres Bewusstseins wohnt darüber hinaus jene andere Qualität als kontinuierliche, mächtige Dimension des Seins. Sie ist immer da, aber weil sie sich nicht verändert, weil sie sich im Gegensatz zur Glocke wie ein Dauerton verhält, haben wir Schwierigkeiten, sie wahrzunehmen. Es ist schwer zu erklären, aber die Liebe, die aus dem Tao strömt, ist mehr als ein Gefühl, und sie ist ewig jung und neu. Sie bildet die Basis, auf der sich alle anderen Ausdrucksformen unserer Zuneigung abspielen. Wir sollten erkennen, dass die uns vertraute Liebe hingegen ein Gefühl ist, das kommt und geht wie andere Gefühle auch. Daher geschieht es auch, dass unsere Einstellung zu den Menschen, die uns am nächsten stehen, oft ambivalent ist. Einmal mögen wir sie gewaltig, unser Herz strömt über vor Liebe und Zuneigung, und ein andermal fühlen wir uns leer und beinahe beziehungslos. Die Empfindungen wechseln mit den Situationen. Dennoch sollte niemals Gleichgültigkeit wie ein unhörbarer Dauerton eintreten.

Wir kommen nun zu einem etwas heiklen Thema in Sachen Liebe: der Selbstliebe. Es dürfte kaum einen Erwachsenen unter uns geben, der die markanten Worte nicht kennt, man könne einen anderen nur dann lieben, wenn man sich selbst liebe. Aber was mache ich denn, wenn ich begriffen habe, dass es real dieses Selbst gar nicht gibt, das ich lieben könnte? Und wie gehe ich mit meinem Egoismus um, und wie begegne ich den narzisstischen Regungen meiner Psyche? La Rochefoucauld hat sich 250 Jahre vor Sigmund Freud mit menschlicher Selbstsucht beschäftigt, als er schrieb: *Manche Menschen sind so von sich erfüllt, dass sie noch in der Verliebtheit Wege finden, sich statt mit der Person, die sie lieben, mit ihrer Leidenschaft zu beschäftigen.*

Egoismus und Narzissmus liegen in ihren Auswirkungen auf eine Liebesbeziehung so nahe beieinander, dass wir sie bei der Liebe als einen einzigen Störfaktor behandeln können. Die Wurzeln des Egoismus reichen in urtümliche Entwicklungsstufen zurück, und Darwins Gesetze scheinen ihn zu rechtfertigen – *scheinen* deshalb, weil Darwin, richtig zitiert, nicht sagt, der Stärkere überlebt, sondern es überleben jene Organismen, die am besten mit ihrer Umwelt harmonieren. – Womit wir bereits wieder eine Annäherung an das taoistische Denken hätten. Die Triebfedern von Egoismus sind Mangel an Selbstvertrauen und Daseinsangst. Der Narzisst scheint vor Selbstvertrauen förmlich zu strotzen, bis hin zur Überheblichkeit. Aber nur so lange, wie er in seiner Phantasiewelt lebt und die Realität draußen hält. Sobald die Wirklichkeit zu ihm hindurchdringt, unterscheidet er sich kaum noch vom gewöhnlichen Egoisten. Narzissten (es müssen nicht unbedingt immer nur Männer sein) erwarten von der Welt, dass sie ihr Selbstbild reflektiert, und die anderen Menschen sind nur dazu da, die Befriedigung ihrer Bedürfnisse zu gewährleisten.

Wie ist nun im Geist des Tao der anscheinend schwer lösbaren Problematik beizukommen? Narziss, der schöne Jüngling, war in sein Spiegelbild auf der Oberfläche des Sees verliebt. So wie wir – Hand aufs Herz – der wichtigste Mensch für uns sind, auch wenn wir uns manchmal hassen. Und die Reaktionen geliebter Menschen haben durchaus die Funktion eines Spiegels für uns, denn wir schöpfen daraus wesentliche Anteile unserer Identität. Vom taoistischen Denken her gibt das Gleichnis vom See des Narziss aus einem anderen Blickwinkel gesehen die Antwort preis: Das Sichspiegeln an sich ist nicht das eigentliche Problem. Wir alle erleben uns über das Echo, das wir durch unsere Lebensäußerungen bei anderen auslösen. Ohne die Reaktionen nahe stehender Menschen auf uns würden wir emotional verarmen. Wir brauchen die Reflexion anderer, damit wir uns erkennen können. Der Wandel in unseren narzisstischen, egoistischen Verhaltensmustern beginnt, wenn ein Gefühl in uns wächst, dass wir auch die anderen sind, die uns widerspiegeln. Wir beziehen bildlich gesehen den See kurzerhand in unsere Identität mit ein. Damit endet unsere Subjektivität, weil wir uns nicht mehr von den Objekten unserer Wahrnehmung, von unserem Gegenüber abgrenzen und von diesem Gegenüber keine Wirkungen mehr erwarten, die unser Ego bestätigen. Damit wird der Weg frei für jene fortdauernde Liebe, die eine Grundsubstanz des Seins ist.

–

Ich glaube, die Hälfte der Erwachsenen, die ich im Laufe der letzten 25 Jahre kennen gelernt habe, litt unter Beziehungsproblemen oder ihren Nachwirkungen. Da waren die Verliebten, die am 31. Dezember 1975 heirateten, damit sie ihre Silberhochzeit zur Jahrtausendwende feiern konnten. Die Ehe hielt keine zehn Jahre. Ein anderes Paar schloss den Bund der Ehe auf einer Barke mitten auf dem Bodensee, der Pfarrer wurde mit eingeschifft. Es war ein rauschendes Fest. Dass die Ehe keinen Bestand hatte, stimmte mich damals, als ich es erfuhr, recht nachdenklich. Ich empfand in diesem Fall deutlicher als bei anderen Liebeskonflikten, dass hier von Anfang an spektakuläre Äußerlichkeiten vielleicht einen Mangel überspielen sollten, der später, als die erste Euphorie abgeklungen war, unübersehbar wurde. Eine dauerhafte Liebesbeziehung braucht die Fähigkeit beider Partner, den anderen so zu sehen und zu akzeptieren, wie er wirklich ist. Ich mache mich bei Gesprächen über Partnerschaften oft unbeliebt, wenn ich bemerke, dass der Charakter eines Menschen sich jenseits der Individuationsphase kaum noch grundlegend ändert. Und löse heftige Dispute aus, wenn ich darauf hinweise, dass Veränderungen durch Anpassung an die Wünsche geliebter Personen zwar häufig stattfinden, aber dass es sich dabei um keinen grundlegenden Wandel handelt. Es sind meist die emotional unterlegenen Partner, die nachgeben, jene, die lieber Zugeständnisse machen als Einsamkeit ertragen. Wenn in einer Liebesbeziehung das Subjekt-Objekt-Denken aufgegeben wird und man im anderen sich selbst und die ganze Welt erlebt, bleiben immer noch alle Spannungselemente männlich-weiblicher Polarität erhalten und die Integrität und Individualität der Liebenden unangetastet.

In einer Liebesbeziehung gedeiht Harmonie, wenn sich jeder seinen Freiraum bewahrt. Totale Nähe kann zum Tod jeder Zuneigung führen, und häufig wollen wir aus unseren Partnerschaften mehr Nähe herauspressen, als sie ertragen. Ein Schmetterling in meiner Hand überlebt nur, wenn ich die Faust nicht schließe. Sonst zerstöre ich den Staub auf seinen Flügeln, und er kommt elend um. So darf ich die Liebe der Menschen, die mir am nächsten stehen, nicht strapazieren, indem ich mich an sie klammere und bei jeder aufkommenden Unsicherheit Auskunft über ihre Gefühle und Beteuerungen ihrer ungebrochenen Zuneigung einfordere. Auch die Vermeidung von Streit ist kein Mittel, eine Liebe zu bewahren. Wenn es Meinungsverschiedenheiten gibt, dann ist es besser, sie wie die Entladung eines Gewitters auszutragen und die Atmosphäre zu reinigen, als ständig den Gekränkten zu spielen und seine Emotionen zu unterdrücken. Die Forderung an den anderen, sein gesamtes Innenleben zu offenbaren, ist ebenfalls ein Merkmal von Yu wei, weil sie nichts Gutes bewirkt. Ich verweigere damit dem anderen im Grunde das Recht, sich einen Rest jenes geheimnisvollen Flairs zu bewahren, das mich einst so sehr angesprochen hat. Sobald ich mehr Offenheit von meinem Partner verlange, als er mir seinem Wesen nach geben möchte, lege ich damit den Grundstein zur Entfremdung. Den anderen bis in seine letzten Geheimnisse ergründen zu wollen ist ein Akt der Eroberung, der emotionalen Vergewaltigung. Dieses inquisitorische Erforschen des Innenlebens kann fatale Folgen haben. Da wollte man von der Person, die man zu lieben vorgab, alles wissen, alles um jeden Preis. Und bekam am Ende nichts. Ich darf dem Menschen, den ich liebe, sein Unbekanntes, Geheimnisvolles, noch nicht Erschlossenes nicht wegnehmen. Ich sollte lieber überlegen, wie ich unser Zusammenleben so gestalten kann, dass jeder von uns sich ein hohes Maß an Entfaltungsmöglichkeiten seiner Originalität und seines kreativen Potenzials bewahrt. Unter diesen Prämissen wird unsere Liebe frisch und prickelnd bleiben wie am ersten Tag.

Liebe ist primär keine Frage der Objekte unserer Zuneigung – sie ist eine Frage unserer Liebesfähigkeit. Diese Fähigkeit haben wir gemeinsam mit unseren anderen Wesenseigenschaften mit auf die Welt gebracht. Als Kind, in jener Phase, als wir uns noch nicht gegen die Verletzung der Psyche durch traumatische Erlebnisse zur Wehr setzen mussten, konnten wir diese Gabe in ihrer Reinheit und Intensität noch ausleben. Später wurde der Panzer, den wir als Abwehr um uns errichteten, so undurchlässig, dass dabei auch unsere Liebesfähigkeit gelitten hat. Und heute stehen wir mitten im Leben, ausgestattet mit einer Charakterstruktur, die es schwer macht, sich dem Lieben ohne alle Vorbehalte hinzugeben. Enttäuschungen in unseren Beziehungen haben dafür gesorgt, dass vielfach der emotionale Schutzwall Liebe nur noch wie ein dürftiges Rinnsal hindurchdringen lässt. Ich weiß, dass es keine Übung gibt, mit der Sie Ihre Liebesfähigkeit trainieren könnten. Aber Sie haben die Möglichkeit der Innenschau, und Sie können aus eigenem Antrieb untersuchen, wie es in dieser Sache um Sie bestellt ist. Bei ehrlicher Selbstkritik können Sie Ihre Sicherheitseinrichtungen gegen Schmerzen aus Liebesbeziehungen erkennen. Um sich der im Wesen des Menschen verankerten Fähigkeit des Liebens uneingeschränkt zu öffnen, müssten Sie Ihren emotionalen Elfenbeinturm verlassen und herauskommen in eine Welt, in der die Polarität von Lust und Unlust herrscht. Die Bereitschaft, sensibler, verwundbarer zu werden, ist der Schlüssel zur Rückkehr zur Stärke unserer Liebesfähigkeit. Wenn Sie verstanden haben, dass auch Schmerz und leidvolle Gefühle, wenn sie ausgelebt werden, wie Nebel im Wind verschwinden, werden Sie sich davor nicht mehr fürchten. Und es gibt vielleicht doch ein Rezept, wie Sie dem Lieben die Tür öffnen können – es ist in Ihrer Kindheit zu finden. Sie sind Ihrer Kindheit entwachsen, und vieles von einst würden Sie lieber in der Vergessenheit lassen. Versuchen Sie trotzdem, wieder eine lebendige, intensive Beziehung zu Ihrer

Kindheit herzustellen. Nehmen Sie sich täglich eine Viertelstunde, in der Sie sich mit Ihrer Kindheit beschäftigen. Lassen Sie die negativen Erinnerungen ebenso zu wie die Momente des Glücks, der kindlichen Seligkeit. Wenn es Ihnen gelingt, den Fluchtreflexen vor den auftauchenden schmerzlichen Erinnerungen zu widerstehen, werden Sie bald gewahr, dass Sie auch die einst so starke Kraft der positiven Gefühle und insbesondere der Liebe und Zuneigung spüren. Der entscheidende Schritt wäre dann, dass Sie heute ohne alle Präventivmaßnahmen diese wiedergefundene Kraft des Liebens in Ihr Leben hineintragen.

Der Augenblick der Liebe ist sprachlos, er geschieht im absoluten Jetzt, Zeit und Raum sind aufgehoben, es gibt keine Distanz und kein Denken mehr. Wenn ich denke, *ich liebe*, hat sich bereits die Zeit in Gestalt von Worten eingeschaltet, und ich erlebe die Liebe bereits wieder aus der Rückschau.

Natürlichkeit

In der taoistischen Philosophie spielt Natürlichkeit eine wichtige Rolle. Sie ist ein Pendant zum Nichthandeln und trägt den Namen *Wu shih.* Laut den mir zugänglichen Quellen kommt der Begriff erst nach Beginn unserer Zeitrechnung in der Zen-Literatur vor. Aber er ist unverwechselbar taoistisch, in seiner Bedeutung des natürlichen und schlichten Lebens erscheint er in einem anderen sprachlichen Gewand in älteren Schriften, mehrfach auch in den Urteilen des Orakels I Ging. Wu shih steht für natürlich, ungekünstelt und lehrt etwas, das uns ziemlich schwer fällt: ganz das zu sein, was wir sind und wie wir sind. Wu shih fließt mit Wu wei zusammen, im Grunde ist es ein Wesensmerkmal des Nichthandelns, denn alle Tugenden von Wu wei finden sich im Prinzip der Natürlichkeit wieder. Wu wei beschreibt die Art des Handelns – Wu shih hingegen betont stärker die Lebenseinstellung, die zum Nichthandeln führt und es aufrechterhält. Die Bestrebungen vieler unserer Mitmenschen weisen genau in die entgegengesetzte Richtung: Man scheut die Einfachheit, weil nur wenige die Schönheit und Tiefe dieses Prinzips verstehen. Ich möchte diese Geisteshaltung *Yu shih* taufen, weil sie, obgleich der Begriff wohl nirgends in der chinesischen Literatur vorkommt, so treffend ist. Überhaupt: Ab und zu, zum Glück selten, meldet sich im Internet eine kritische Stimme zu meinen Arbeiten. Man beanstandet, manches, was ich darin sage, würde man bei Laotse nicht finden. Was stimmt. Nur: Ist es klug, eine Lehre in Beton zu gießen, sodass niemals mehr neue Einsichten hinzufließen können? Ich sehe Sie Einspruch erheben – was wird dann aus der Reinheit der Lehre? Sie haben Recht und auch wieder nicht. Wie rein sind denn uralte Lehren im Jahr 2006 noch? Die Wurzeln des Taoismus reichen Jahrtausende zurück, in Zeiten, da die chinesische Schrift noch nicht erfunden war. Und man ist sich in Expertenkreisen gar nicht so sicher, ob das Tao te king wirklich komplett von Laotse stammt oder ob seine Schriften nicht um eine nach und nach zusammengetragene Sammlung von Äußerungen anderer Autoren ergänzt wurden. Wäre man in der Technik so verfahren wie in den

Religionsphilosophien, würden wir heute noch mit der Steinaxt unser Holz für das Höhlenfeuer spalten.

Wir konnten uns die Gesellschaft nicht aussuchen, in die wir hineingeboren wurden, und wir waren, während wir heranwuchsen, allen ihren Einflüssen ausgeliefert. Ein Leben, auf das die Adjektive *natürlich* und *einfach* zutreffen, scheint in dieser auf Wettbewerb ausgerichteten Gesellschaft nur um den Preis krassen Außenseitertums realisierbar zu sein. Bereits die Interpretation der beiden Hauptbegriffe, wenn sie unter den Aspekten der heute gültigen Werte geschieht, führt zu fundamentalen Missverständnissen. Man könnte obendrein einwenden, dass eine Lebensweisheit, die vor zweitausend Jahren ihren Wert haben mochte, in der Moderne ihren Sinn verloren hat. Doch der Schein trügt, weil die Natur uns nach wie vor mit dem gleichen Gehirn ausstattet wie die Menschen jener Zeit und weil die Machtströmungen jeder Ära Natürlichkeit nicht duldeten und Einfachheit schon immer mit Einfalt und Manipulierbarkeit gleichgesetzt worden ist. Doch Einfachheit im Sinne der taoistischen Philosophie ist eine Größe, die mit Weisheit identisch ist und keine Spur von Torheit oder Arglosigkeit enthält. Und Natürlichkeit ist der Zustand eines Geistes, der absolut frei ist von allen Einflüssen der Gesellschaft, in der er lebt.

Ich sagte eingangs, Wu shih bedeute, ganz das zu sein, was wir sind. Mit *was wir sind* meine ich allerdings nicht das, was die Gesellschaft im Laufe unseres Lebens aus uns gemacht hat – ich meine damit das, was wir vor der Einflussnahme auf unsere junge Psyche einmal gewesen sind. Chuang tzu verwendet dafür gerne die Metapher vom Säugling, wie er mit unschuldigen Augen seine Welt erblickt. Könnte ein neugeborenes Kind unbeeinflusst aufwachsen, ohne falsche Vorbilder, die es zwangsläufig nachahmt, und in einer Umgebung, in der kein Mensch seine Einheit mit den Dingen verleugnet, dann würde sich das Gefühl des Getrenntseins, das heute so viele Menschen empfinden, sich kaum einstellen. Mit seiner Individualität bliebe er ins Ganze integriert. Die Entfremdung von unserem ursprünglichen Wesen ist bei den meisten von uns schon vor dem Ende der Schulzeit vollständig. Ich spürte als Kind schon manchmal dieses Unbehagen, das mich später als Erwachsener öfter heimsuchte, das Gefühl, als würden Lebensregeln mich zwingen, gegen einen Strom zu schwimmen, wo Mitgehen intelligenter wäre. Als wir ins Leben hinaustraten, fanden wir uns in einer Welt wieder, deren Forderungen einer Einbahnstraße gleich in eine einzige Richtung wiesen: erfolgreich sein, reich sein, prominent sein und darüber hinaus schön, jung, fit und gesund. In unserer Gesellschaft zählt nicht, was wir tief im Inneren wirklich sind. Was zählt, ist der äußere Anschein, die Rolle, die wir spielen, wie viel Besitz und Wissen wir vorzuweisen haben, welches Ansehen wir bei anderen genießen. Und das größte Ansehen wird jenen zuteil, die sich rücksichtslos und um jeden Preis ins Rampenlicht stellen. Denken Sie an die Extreme, mit denen wir kontinuierlich konfrontiert werden und die jeglicher Einfachheit Hohn sprechen. Der Schönheitswahn sorgt für ausgebuchte Spezialkliniken, die Fitnessfarmen boomen. Die Models in den Werbespots sind jung, schön, schlank, und die Produkte, die sie anbieten, machen allesamt fit und gesund – sogar der Hund, der für Chappi wirbt, ist eleganter als unser Fifi.

Was lehrt uns nun Wu shih, das natürliche, einfache Leben? Wie können wir uns dem alles andere als natürlichen Verhalten in unserer Gesellschaft verweigern, ohne selbst zum Paria, zum Außenseiter zu werden? Wie vereinbart sich Natürlichkeit überhaupt mit einem gelungenen Leben? Geraten wir nicht bereits beruflich ins Abseits, wenn wir gewissen Leuten einmal deutlich machen, wie wir wirklich zu angesagten Dingen stehen? Oder wenn wir uns der Mode der Saison widersetzen und Schuhe tragen, die noch annähernd die Form eines menschlichen Fußes haben? Oder nur dann joggen gehen, wenn uns danach ist? Wo stehen wir, wenn wir uns von den meisten als *in* geltenden Aktivitäten fern halten? Oder behauptet Wu shih wie manche christliche Lehre, dass Leiden und Ausgrenzung unserem Seelenheil dient? Dass die einzige Alternative zu dem täglichen Wahnsinn der Ausstieg ist, das Kloster, die Einsiedelei? Oder verwirklichen wir Natürlichkeit dadurch, dass wir fortan keine tierischen Produkte mehr essen oder Mitglied einer strengen Sekte werden oder ein Bettelmönch, der nur ein Gewand besitzen darf und sich nur eine Mahlzeit pro Tag gestattet? Ist damit das Ideal der Natürlichkeit, der Einfachheit verwirklicht?

Die Natürlichkeit aus dem Geist des Tao ist mit keinerlei Märtyrertum und Opfern verbunden – und, richtig verstanden, auch mit keinen Risiken gesellschaftlicher oder beruflicher Nachteile. Es gibt freilich gewisse Schwierigkeiten, den Begriff so zu verstehen, wie er gemeint ist. Die Probleme beginnen mit dem Selbstbild, mit der Persönlichkeit, die wir kultivieren. Dieses Bild wird durch Wesenszüge ergänzt, die wir im beruflichen Rollenspiel übernehmen – wer zum Beispiel den erfolgverwöhnten Verkäufer spielt, wird sich früher oder später auch dafür halten, ähnlich einem Mimen, der zwei Jahre lang Shakespeares Richard den Dritten verkörperte und sich schwer tat, außerhalb der Bühne aus dieser Rolle zu schlüpfen. Dieses Bild, das am liebsten auch unsere Mitmenschen von uns haben sollen, ist selten identisch mit unserem wirklichen Wesen. Teile dieses Bildes sind aus den Reaktionen unserer Umwelt auf uns entstanden, und andere Teile sind das Resultat von Wunschdenken, wie wir gerne werden wollen oder wie wir uns tatsächlich zu sein einbilden. In Krisensituationen bekommt dieses Bild Risse, oft genügt ein wenig Müdigkeit, und die mühsam aufrechterhaltene Fassade bröckelt. Dann zieht ein Gefühl von Leere in uns ein, das uns ängstigt, weil es an die eigene Vergänglichkeit gemahnt und das Verlustrisiko der Dinge ins Bewusstsein rückt, aus denen wir wesentliche Teile unseres Selbstvertrauens beziehen.

Für die angepassten Mitglieder unseres Kulturkreises gibt es wenig Schlimmeres als die Vorstellung, unbedeutend oder mittelmäßig zu sein. Und der Gedanke, nichts mehr gegen diese Vorstellung unternehmen zu dürfen, flößt Grauen ein. Wer nichts hat, ist nichts. Der Spruch «Der Mann ist seine zehn Millionen wert» sagt genug. Wie kann es nun geschehen, zu dem echten Menschen zurückzufinden, der in seiner Natürlichkeit, aller Gehirnwäsche zum Trotz, nach wie vor unzerstört in uns schlummert? Verzicht ist keine Lösung. Sie können in der Vorstandsetage im zwanzigsten Stock ebenso der natürliche Mensch sein wie der Schäfer, der seine Herde über die Heide führt. Es gibt im Wu shih keine dümmlichen Regeln, wie man sich zu kleiden hat, welche Ernährungsweise man übernehmen soll und was für andere Einschränkungen nötig sind, um Natürlichkeit zu realisieren. Eines sei betont: Jeder Versuch, diese Natürlichkeit, diese Einfachheit herzustellen, widerspricht bereits dem Prinzip und fällt unter die Kategorie Yu shih. Wer sich mit Entsagung nach dem Modell «Schmerzvermeidung durch Lustverzicht» Gewalt antut, ist genauso auf dem falschen Weg wie ein Mensch, der sein Heil in totaler Vergeistigung sucht. Auch jede Anstrengung, innerlich ein freierer, gelösterer Mensch zu werden, verstößt gegen den Geist von Wu shih. Zumal die Schwierigkeit hinzukommt, dass Korrekturversuche exakt an dem Bild vorgenommen werden, das ohnehin nur bedingt mit dem wahren Menschen übereinstimmt. Es wird nur ein Bild retuschiert. Was bleibt also zu tun, um Wu shih zu verwirklichen?

Alles das tun, was Sie jetzt auch machen. Mit einem feinen, aber fundamentalen Unterschied.

In einem alten Text heißt es sinngemäß: *Musst du zur Toilette, dann geh. Steh morgens auf und wasch dich, koche Wasser, esse und trinke, arbeite, und wenn du müde bist, ruh dich aus.* Wir verhalten uns ganz normal und handeln, wie es der Tageslauf mit sich bringt. Wir üben unseren Beruf aus, als Krankenschwester, Therapeutin, Fischer, Kanalarbeiter, Vorstandssprecher oder Hausfrau. Wir kleiden uns, wie es uns gefällt, und treiben in unserer Freizeit das, was uns Freude macht. Wir jagen nicht nach dem Glück, denn das Glück kommt zu jenen, die den Mut zu Spontaneität aufbringen. Und diese Spontaneität stellt sich ein, wenn wir kein Bild mehr von uns kultivieren, wenn wir keinem anderen Menschen mehr das künstliche Wesen präsentieren, das wir bisher für unser Selbst gehalten haben. Dies ist das Geheimnis von Wu shih: Von dem Punkt an, wo ich die Herausforderungen des Alltags nicht mehr analysiere und mit meiner Erfahrung vergleiche, sondern sie beobachte und selbst zu Wort kommen lasse, alles Vertrauen in meine Intuition setze und spontan handle, stellt sich der Wandel ein. Weil ich mit dieser Umstellung auf einen Schlag alle Konditionierungen und Spielregeln dieser Gesellschaft abgelegt habe. Ohne den Guerillakampf, sie einzeln aus meinem Leben ausweisen zu müssen. Meine Spontaneität bringt Leerlauf in das Rollenspiel, denn den konditionierten Reflexen meines Verstandes fehlt künftig die Zeit, auf die blitzschnellen Handlungen intuitiver Intelligenz zu reagieren. Dem Intellekt entgleitet die Kontrolle darüber, ob mein Verhalten mit meinem Selbstbild konform geht, und dies bedeutet das Ende aller Verstellung. Der langen Rede kurzer Sinn: Sobald Sie sich zum Vertrauen in den in Ihnen schlummernden, längst verschütteten natürlichen Menschen durchgerungen haben und ihn schalten und walten lassen, realisieren Sie das Tao. Die alten Taoisten belegten das absichtslose, ungekünstelte Handeln mit dem Prädikat TE, was in diesem Zusammenhang zauberische Kraft bedeutet.

Betritt er den Wald, so bewegt er nicht einmal das Gras,
Taucht er ins Wasser, verursacht er nicht einmal eine kleine Welle,
Niemand bemerkt ihn, da er von sich selbst keine Notiz nimmt.

Die zweite Individuation

Auf dem Weg vom Kind zum Erwachsenen haben wir eine Anzahl wertvoller Gaben verloren. Seitdem durchzieht dieser Mangel wie ein roter Faden alle unsere Entscheidungen und Handlungen. Aber diese Fähigkeiten sind nicht unwiederbringlich dahin – sie sind nur verschüttet, begraben unter den Konditionierungen der Gesellschaft, in der wir aufgewachsen sind. Was wir durch die Anpassung an ihre Spielregeln verloren haben, ist wieder herstellbar.

Wir haben im Erwachsenenalter die Chance, den Mangel durch eine zweite Individuation aufzuheben, mit Hilfe der taoistischen Philosophie und als freie Menschen, die nicht mehr den Zwängen von Elternhaus und anderen Autoritäten ausgesetzt sind. Individuation ist jene Lebensphase, in der wir unsere individuelle Persönlichkeit entdeckten und sich unsere frühen Bindungen an die Mutter und andere Autoritäten der Kindheit aufzulösen begannen. Die Individuation fängt etwa mit zehn Jahren an und ist mit fünfzehn meist abgeschlossen. In dieser Zeit wächst auch die Großhirnrinde zu ihrem vollen Leistungsvolumen heran. Lesen Sie, wie einfühlsam Richard Hughes in einem Roman erzählt, wie ein zehnjähriges Mädchen sich plötzlich der eigenen Individualität bewusst wird:[21]

Und dann ereignete sich etwas, was für Emily sehr wichtig war. Sie merkte plötzlich, wer sie war. Es ist schwer zu sagen, weshalb sie es nicht schon fünf Jahre früher oder auch erst fünf Jahre später merkte; und es bleibt auch unklar, weshalb es gerade an diesem Nachmittag dazu kam. Sie hatte ‹Haus im Winkel› gespielt, direkt am Bug hinterm Ankerspill (an das sie einen gespaltenen Haken als Türklopfer gehängt hatte); dann war sie des Spiels überdrüssig geworden und war ziemlich ziellos nach achtern geschlendert, wobei sie träumerisch über Bienen und die Feenkönigin nachdachte – als ihr plötzlich durch den Sinn fuhr, dass sie sie war. Sie blieb wie angewurzelt stehen und fing an, sich über alles Rechenschaft zu geben,

21 Richard Hughes, *Ein Sturmwind auf Jamaica.* Zitiert nach Erich Fromm, *Die Furcht vor der Freiheit, S. 31 f.*

was sie von sich sehen konnte. Viel war das gerade nicht, nur eine verkürzte Ansicht ihres Kleides und ihre Hände, als sie sie hochhielt, um sie zu betrachten. Aber das genügte, um ihr eine Vorstellung von ihrem kleinen Körper zu geben, von dem sie plötzlich merkte, dass es ihrer war.

Sie lachte ein bisschen spöttisch und dachte ungefähr Folgendes: Stell dir bloß mal vor, dass von allen Leuten ausgerechnet dir so etwas passiert! – Jetzt kommst du da nicht mehr raus, wenigstens sehr lange nicht. Du musst es erst hinter dich bringen, dass du ein Kind bist und größer wirst und alt wirst, bevor du aus dem verrückten Kram wieder rauskommst! Fest entschlossen, sich auf keinen Fall bei diesem höchst wichtigen Ereignis stören zu lassen, kletterte sie an der Strickleiter zum Mastkorb, ihrem Lieblingsplatz, hoch. Aber jedes Mal wenn sie bei dieser einfachen Tätigkeit einen Arm oder ein Bein bewegte, war sie immer wieder verwundert darüber, dass sie ihr so bereitwillig gehorchten. Natürlich sagte ihr ihr Gedächtnis, dass sie das früher auch getan hätten, aber sie hatte sich niemals klar gemacht, wie erstaunlich das war. Als sie oben auf ihrem Sitz saß, fing sie an, die Haut ihrer Hände mit größter Sorgfalt zu untersuchen, denn sie gehörten ja ihr. Sie schlüpfte mit einer Schulter aus ihrem Kleid und guckte an sich herunter, um festzustellen, ob sie wirklich unter ihren Kleidern weiterging, und hob dann die Achsel, bis sie damit ihre Wange berührte. Die Berührung ihres Gesichts mit der warmen nackten Schulter ließ sie auf angenehme Weise erschauern, so als ob ein lieber Freund sie gestreichelt hätte. Aber sie hätte nicht sagen können, ob dieses Gefühl von ihrer Wange oder ihrer Schulter ausging – wer da gestreichelt hatte und wer die Gestreichelte war.

Nachdem sie endlich von der erstaunlichen Tatsache, jetzt Emily Bas-Thornton zu sein, ganz überzeugt war (warum sie das ‹jetzt› einschob, hätte sie nicht sagen können – denn ganz bestimmt dachte sie nicht an so einen Blödsinn wie Seelenwanderung –, dass sie vielleicht früher jemand anders gewesen wäre), fing sie an, ernsthaft über die Folgen dieser Erkenntnis nachzudenken.

Mit der Individuation ist ein Gewinn an Identität, Persönlichkeit, Freiheit und Selbstbewusstsein verbunden, doch sie besiegelt zugleich auch einen mehrfachen Verlust: Mit der Abnabelung verschwindet die Geborgenheit der Kindheit, es gibt die aus den frühen

Bindungen und der Unterwerfung unter die elterliche Autorität resultierenden Sicherheiten nicht mehr. Der junge Mensch ist plötzlich allein und muss sich mit seiner Einsamkeit und Daseinsangst auseinander setzen. Dies ist jene fatale Phase, wo die gerade durch die Bewusstwerdung der eigenen Identität aufkeimende Freiheit wieder verspielt wird. Es ist der Moment der Umkehr, wo Freiheit zugunsten der Unterwerfung unter den Einfluss neuer Autoritäten, die Sicherheit verheißen, aufgegeben wird. Ein Mensch, in dessen Selbst am Ende der Individuation ein Defizit an Freiheit zurückbleibt, wird im Erwachsenenalter Fremdbestimmung noch immer als unvermeidbar und lebensnotwendig akzeptieren, er wird weiter im Wahn leben, sein Lebensglück wäre nur gesichert, wenn er Vorbildern und deren Regeln folgt, und er wird in seiner psychischen Situation ohne einen als gesellschaftskonform anerkannten Lebensstil nicht zurechtkommen. Jedoch der herbste Verlust wurde bereits sehr viel früher erlitten. Ohne diesen frühen Verlust würde es für neue Bindungen gar keinen Handlungsbedarf geben. Sigmund Freud[22] legt in seinem Werk «Das Unbehagen in der Kultur» den Finger darauf:

Dies Ichgefühl des Erwachsenen kann nicht von Anfang an so gewesen sein. Es muss eine Entwicklung durchgemacht haben, die sich begreiflicherweise nicht nachweisen, aber mit ziemlicher Wahrscheinlichkeit konstruieren lässt. Der Säugling sondert noch nicht sein Ich von einer Außenwelt als Quelle der auf ihn einströmenden Empfindungen. Er lernt es allmählich auf verschiedene Anregungen hin.

Es ist der Verlust des Gefühls der Einheit zwischen dem Menschen und seiner Welt, die dem Säugling unter dem Einfluss von Sprache und Erziehung widerfährt. Freud berichtet im gleichen Werk[23] von seinem Freund, dem Schriftsteller Romain Rolland: Dies sei ein besonderes Gefühl, das ihn selbst (Rolland) nie zu verlassen pflege, das er von vielen anderen bestätigt gefunden und bei Millionen

22 Sigmund Freud, *Das Unbehagen in der Kultur*, S. 67

23 Sigmund Freud, *Das Unbehagen in der Kultur*, S. 66

Menschen voraussetzen dürfe. Ein Gefühl, das er die Empfindung der Ewigkeit nennen möchte, ein Gefühl wie von etwas Unbegrenztem, Schrankenlosem, gleichsam *Ozeanischem.* (Also, kommentiert Freud, ein Gefühl der unauflösbaren Verbundenheit, der Zusammengehörigkeit mit dem Ganzen der Außenwelt.)

Aus meiner Sicht zieht die mit der Geschlechtsreife abgeschlossene Individuation den endgültigen Schlussstrich unter die Chancen des Individuums, zu einem Gefühl zu finden, wie Freud es oben skizziert. Die Summe der im Gehirn während der Kindheit gespeicherten Eindrücke, Erfahrungen und daraus resultierenden Schlussfolgerungen bildet eine Ich-Struktur aus, die mit der ursprünglichen, unbeeinflussten kaum noch etwas gemein hat. Diese erste, fundamentale Individuation hat im Leben jedes jungen Menschen stattgefunden und ist nicht mehr rückgängig zu machen. Wenn ich die Chancen des Individuums, dieses ozeanische Gefühl zu erlangen, als gering einschätze, dann bleibt trotzdem noch Hoffnung.

In jedem Menschen schlummert rudimentär das nonverbale Wissen um seine Einheit mit dem Ganzen. Doch wenn dieses Wissen eines Tages hervorbricht, muss es sich nicht unbedingt auf diese poetisch überströmende Weise äußern, wie der Dichter es schildert. Freud schwächt in seinem weiteren Text Rollands Euphorie ziemlich trocken ab:

Für mich hat dies eher den Charakter einer intellektuellen Einsicht, gewiss nicht ohne begleitenden Gefühlston, wie er aber auch bei anderen Denkakten von ähnlicher Tragweite nicht fehlen wird.

Ich meine, unser alltägliches Existenzgefühl ist auch das Gefühl unserer Einheit mit der Welt, und es ist ebenso das Gefühl unserer Trennung von ihr. Das klingt paradox, aber ohne begleitende Gedanken fühlen wir uns von nichts getrennt, und mit der Begleitmusik des Denkens sorgt unsere intellektuell betriebene Subjekt-Objekt-Beziehung zur Welt für die Gefühle der Isolierung. Zum anderen wird das Bewusstsein des Getrenntseins ausschließlich von der durch Erziehung und Autoritäten konditionierten Ich-Struktur empfunden. An dieser Struktur gilt es den Hebel anzusetzen. So wie einst mit vierzehn oder fünfzehn unser Neocortex samt unserem Charakter seinen letzten Schliff bekam, bietet sich dem Erwachsenen in der Gegenwart die Möglichkeit, in einer zweiten Individuationsphase dieses vorhandene Mehr an Identität zu realisieren

Auch für dieses Vorhaben liefert uns Sigmund Freud eine wunderschöne Vorlage. (Ich bewundere ihn für seine tiefen Einsichten.) Lesen Sie, wie der große Psychologe[24] dem Ich trotz harter Kritik, die sich wie ein roter Faden durch seine Werke zieht, seine Chance lässt:

Ursprünglich enthält das Ich alles, später scheidet es eine Außenwelt von sich ab. Unser heutiges Ichgefühl ist also nur ein eingeschrumpfter Rest eines weit umfassenderen, ja – eines allumfassenden Gefühls, welches einer innigeren Verbundenheit des Ichs mit der Umwelt entsprach. Wenn wir annehmen dürfen, dass dieses primäre Ichgefühl sich im Seelenleben vieler Menschen – in größerem oder geringerem Ausmaße – erhalten hat, so würde es sich dem enger und schärfer umgrenzten Ichgefühl der Reifezeit wie eine Art Gegenstück an die Seite stellen, und die zu ihm passenden Vorstellungsinhalte wären gerade die der Unbegrenztheit und der Verbundenheit mit dem All.

Freud betont die Annahme, dass das ursprüngliche Ichgefühl im Menschen nach wie vor, stärker oder schwächer ausgeprägt, vorhanden ist. Wie intensiv jemand in glücklichen Stunden etwas von der umfassenden Identität seines ursprünglichen Ich spürt, hängt wahrscheinlich von der Art der Einflüsse ab, denen er als Kind ausgesetzt war. Wurde ich im Elternhaus stark intellektuell motiviert – sozusagen zum Streber herangezüchtet –, werde ich kaum noch etwas vom Wunder der Ganzheit empfinden können. Eine Erziehung, die meinen Gefühlen keine Fesseln durch Konditionierung und Zwang anlegt, könnte eher möglich machen, dass mich

24 Sigmund Freud, *Das Unbehagen in der Kultur*, S. 68

zuweilen die Ahnung einer umfassenderen Identität anweht. Nun stellt sich natürlich die Frage, wie man denn als Erwachsener eine zweite Individuation in die Wege leiten kann und, vor allen Dingen, welche Auswirkungen es auf die Qualität unseres Lebens hat, wenn sie gelingt. Was sind die Folgen, worin liegt der Sinn? Wird dadurch mein Leben harmonischer? Werde ich weniger Sorgen und Kummer haben? Oder ist mit dem Begreifen einer umfassenderen Identität der Verlust meiner Einzigartigkeit als Individuum verbunden, deren ich mir in der ersten Individuation bewusst geworden bin? Nein. Jeder von uns ist ein einzigartiges Wesen, ein Kosmos für sich, die Einmaligkeit des Individuums geht nicht verloren, wenn wir uns dieses Mehr an Existenz und an Identität bewusst werden. Wir gewinnen eine tiefere Einsicht in das Wesen der Wirklichkeit. Die zweite Individuation entspringt dem tiefen Bedürfnis, unsere Abgetrenntheit zu überwinden. Und sobald diese Abgetrenntheit sich nicht mehr wie ein roter Faden durch unser Denken, Entscheiden und Handeln zieht, wird zwangsläufig eine Veränderung zum Guten in unserem Leben eintreten.

Bei der Frage nach dem Wie kommt Emily Bas-Thornton ins Spiel. Das Mädchen war an diesem Tag nicht mit dem Vorsatz aus dem Bett gestiegen, sich ihrer selbst bewusst zu werden. Die Einsicht, dass sie *sie* war, ereignete sich unversehens, ohne Vorwarnung, sie passierte mitten in ihre spielerischen Gedanken hinein. Dann freilich löste die bestürzende Erkenntnis ihrer selbst eine ganze Reihe faszinierender Reaktionen aus. Bei Emily handelt es sich um eine Romanfigur, aber sie ist so bezaubernd lebendig dargestellt, dass man sich gut vorstellen kann, es gebe sie wirklich. Was Emily widerfuhr, geschah spontan. Und was in uns die Einsicht eines umfassenden Ich, einer universellen Identität auslöst, kann ebenfalls nur spontan geschehen. Es darf uns kein Motiv, kein Verlangen nach Erfolg, kein Wille zur Veränderung antreiben. Die Analogie zu Emily erfährt an keiner Stelle einen Bruch, denn so wie Emily sich selbst neu entdeckte und ihre früheren, eher vagen Gefühle über sich neu definierte, so geschieht es auch mit uns. Emily entdeckte etwas, *das vorhanden war*, sie erfand es nicht, sie wurde sich einer existierenden Tatsache bewusst. Ebenso verhält es sich mit dem vielfach umfassenderen Ich, das wir in Wirklichkeit sind. Die zweite Individuation ereignet sich dann, wenn wir eine existierende Tatsache erkennen und sie uns bewusst machen.

Aber wie kann das stattfinden, wenn ich ohne Motiv operieren soll? Wodurch erfolgt der Anstoß zu einer Veränderung? Was löst sie tatsächlich aus? Zu schreiben, «wenn Sie sich das bewusst machen, ereignet es sich», klingt zu einfach, als dass man sich darunter etwas wirklich Realisierbares vorstellen könnte. Es klingt schwach, zweifelhaft. Oder muss ich gar abwarten, bis mir eine Sternstunde dereinst diese Einsicht beschert? Kann ich überhaupt etwas tun? Ihre Einwände, liebe Leserin, lieber Leser, sind logisch und vernünftig. Und ich möchte Ihnen gerne helfen, diese scheinbar unlogische Hürde zu nehmen – ein Hinweis auf die zahlreichen Paradoxa in der taoistischen Philosophie würde in dieser Sache kaum weiterhelfen, obgleich das Problem, mit dem wir uns soeben befassen, dazu zählt. Die ursprüngliche Individuation war das Resultat gesammelter Lebenseindrücke und eines Gehirns, das seine letzte Entwicklungsphase vollzog. Sie fand im Verlauf des normalen Alltagsgeschehens statt. Dass wir uns als ein Individuum erlebten, geschah eher still – wir haben es wahrscheinlich als die endgültige Schnittstelle in unserem jungen Leben empfunden, wo mehr Rechte, aber auch mehr Verantwortung auf uns zukamen. So wird sich auch die zweite Individuation inmitten alltäglicher Szenen ereignen, es wird sein, als ob Sie aus einer Kindheit erwachen, aber einer Kindheit, die Millionen Jahre zurückliegt. So wie Ihr Charakter in Intervallen sein heutiges individuelles Profil gewann, wird auch dieses Mehr an Existenz in Ihrem Gefühlshaushalt allmählich heranreifen, in dem Maß, wie Sie sich mit der Erkenntnis Ihrer Ungeteiltheit auch intellektuell anfreunden. Und dann mag der Tag kommen, an dem Sie unversehens, ähnlich wie Emily, gewahr werden, dass diese Veränderung in Ihrem Bewusstsein bereits stattgefunden hat.

Gehen Sie in Ihrem Denken und Handeln in Zukunft einfach davon aus, dass diese Einheit real existiert, dass Ihr heutiges Ich der eingeschrumpfte Rest einer viel umfassenderen Identität ist. Gehen Sie weiter davon aus, dass Ihre Erziehung und alle Ihre Lebenserfahrungen im engen Rahmen Ihres reduzierten Ich stattgefunden haben und Ihre derzeitigen Lebensumstände das unmittelbare Resultat dieser Fehleinschätzung Ihres wirklichen Status sind. Machen Sie sich weiter klar, dass dieses geschrumpfte Rest-Ich nichts tun kann, um die erwünschten Einsichten über die Identität mit dem Ganzen herbeizuführen, weil es selbst die Mauer darstellt, die Sie überwinden möchten. Wenn Sie erst einmal akzeptiert haben, dass Sie nicht von der Welt getrennt sind, dann forschen Sie mit einem Verstand, der aufgegeben hat und darum nichts mehr will. So wird es gelingen, dass Sie in die Tiefenschichten Ihres Seins vorstoßen, wo seit Ihren ersten Lebenstagen verschüttet die Wahrheit über Ihre ungeteilte Identität schlummert. Die zweite Individuation wird sich ereignen, weil Ihr Geist dafür bereit ist. Emily fragte sich, warum ihr die Einsicht ihrer selbst nicht fünf Jahre früher oder später widerfuhr. Es geschah, als sie reif dafür war.

Das Tao

Manchmal werde ich gefragt, ob man unter dem Tao das Gleiche zu verstehen habe wie unter Gott, also ob Tao die chinesische Spielart des westlichen Gottesbegriffes sei. Bei Diskussionen weisen meine Gesprächspartner(innen) darauf hin, dass es Annäherungen zwischen Jesuiten und dem Zen-Buddhismus gebe und man – jedenfalls auf spiritueller Ebene – einen Modus gefunden habe, wie sich östliche Meditation und christliche Kontemplation zusammenführen ließen. Das ist richtig, aber es handelt sich um Übereinstimmungen, die den grundsätzlichen Unterschied, die Kluft zwischen der absoluten Liberalität taoistischen Denkens und der Reglementierung selbst in der relativ freien Zen-Philosophie nicht überbrücken können. Die Unterscheidung wird dadurch erschwert, dass den Sinnsuchern unseres Kulturkreises das Tao als etwas Bekanntes vermittelt wird, das man durch entsprechende Disziplinen verwirklichen kann, und es wird auf Umwegen ein Bild vom Tao gezeichnet, das entfernt mit Gott und deutlicher mit der Buddha-Natur identisch ist. Diese Brücke zum Unbekannten kommt der Sehnsucht vieler Menschen entgegen, die sich eine Verbindung zum Urgrund der Dinge wünschen, gleich, welchen Namen sie ihm geben und welcher Religionsrichtung sie angehören. Aber alle diese Bestrebungen bleiben am Ende Übungen eines bestenfalls rationalen Glaubens, der sich häufig zu irrationalen Überzeugungen auswächst. Doch gerade irrationaler Glaube und kritiklose Nachfolge zählen zu jenen Haltungen, die verhindern, dass jemand der Wahrheit über das Sein begegnet. Darum gehört die Trauer über das Versagen jeglichen Einswerdens mit dem offenbar unerreichbaren, unbekannten schöpferischen Phänomen zu den Leiden suchender Menschen.

Um sich dem Tao zu nähern, braucht es ein grundsätzliches Umdenken. Wir müssen begreifen, dass unser Geist nicht das Format besitzt, etwas zu entschlüsseln, das ihn erschaffen hat. Das Gottesbild, zu dem wir Annäherungen suchen, hat sich ein Verstand erschaffen, der verzweifelt nahe am Bekannten operiert. Ich möchte Peter Sloterdijk[25] in dieser Sache zu Wort kommen lassen:

Der biblische Text liefert dem Religionskritiker den entscheidenden Hinweis. 1. Mose, 1/27: «Und Gott schuf den Menschen nach seinem Bilde, zum Bilde Gottes schuf er ihn.» Unzweifelhaft lässt sich diese Bildbeziehung auch umgekehrt deuten. Es ist von da an kein Rätsel, woher die Bilder stammen; der Mensch und seine Erfahrung sind der Stoff, aus dem die offiziellen Träume von Gott gemacht sind. Das religiöse Auge projiziert irdische Vorstellungen an den Himmel.

Wie anders klingt da Laotses[26] Spruch:

Ein Dunkles ist, das vollkommen war,
ehe Himmel und Erde entstanden;
ruhig, still, es steht allein ohne Wandel,
es bewegt sich ohne Gefahr.
Es könnte die Mutter aller Dinge sein,
ich weiß seinen Namen nicht
und nenne es Tao

Der zitierte Text entstammt einer unbekannten Quelle, in der Übersetzung von Richard Wilhelm lautet der Bezug zum Weiblichen:

Das Tor des dunklen Weibs,
das heißt die Wurzel von Himmel und Erde

und in der Übersetzung Lin Yutangs steht zu lesen:

Die Pforte des Geheimnisvoll-Weiblichen
Ist die Wurzel von Himmel und Erde

25 Peter Sloterdijk, *Kritik der zynischen Vernunft*, S. 71
26 *Tao te king* (Wilhelm), S. 46 – (Lin Yutang), S. 57

Diese Texte sind poetisch und verschlüsselt zugleich. Mir gefällt an diesem Spruch aus dem Tao te king, dass Laotse in allen Übersetzungen das Weibliche unmittelbar mit dem schöpferischen Urgrund in Beziehung bringt. So gab es laut glaubwürdigen Überlieferungen vor der Jungsteinzeit ja auch die Regierungsform des Matriarchats, das erst später durch das männliche Herrschaftsmodell abgelöst wurde. Wie dem auch sei. Was können wir als Menschen des beginnenden dritten Jahrtausends an Heil, Spiritualität und Lebenshilfe von dieser Mutter aller Dinge erwarten – und wie ist überhaupt eine Annäherung, eine Begegnung möglich, die auch wirklich unseren Bedürfnissen gerecht wird?

Ein Phänomen, von dem Laotse bereits feststellte, dass kein Mensch etwas darüber wissen kann und dass jeder Versuch einer Beschreibung von vornherein falsch ist, eignet sich auf den ersten Blick nicht unbedingt als Trostpflaster für kummerbeladene Gemüter. Vom Tao ist gesagt, es hat niemals existiert, es wird niemals sein, und doch ist es immer da. Was ausdrückt, dass wir es mit den Mitteln unserer Sprache und Vorstellung selbst ansatzweise weder verstehen noch beschreiben können. So gesehen müssten wir annehmen, dass dieses Etwas, das sich laut den Religionen hypothetisch hinter dem Sichtbaren befindet, das die Philosophen jahrtausendelang zu ergründen und zu deuten versuchten, in der gesuchten Form gar nicht existiert. Offenbar fehlt dem Taoismus das Zuversicht spendende Flair einer Sonntagspredigt. Ihm fehlen freilich auch die Nebenwirkungen: dass statt mit Taten nur mit Worten gehandelt wird und dass nach Abklingen der so erzeugten Wirkung bald der alte Geisteszustand wieder hervorbricht und dringender Bedarf nach weiterem verbalem Trost besteht. Das Tao mit den bekannten Mitteln zu suchen, indem wir nach Regeln, Rezepten, Methoden für ein gelungenes und spirituelles Leben forschen, wird so lange eine Flucht vor den eigentlichen Problemen bleiben, wie wir nicht bereit sind, grundlegend umzudenken. Wir müssen uns der Unmöglichkeit bewusst werden, eine Wesenheit zu finden, die wir nicht kennen. Wir könnten dem Tao – bildhaft gesprochen – auf der Straße begegnen und würden es nicht bemerkten. Unser Wahrnehmungsvermögen versagt bei Dingen, die uns nicht bekannt sind. Weil wir keine Vergleichsmöglichkeiten haben. Und etwas, das sich von unserer Außenwelt nicht abhebt, weil es in ihr enthalten ist, bleibt uns von vornherein verborgen. Es gilt, sich dieses Unvermögen einzugestehen, damit zu leben – und es anders zu machen. Ich kann periodisch meine Überzeugungen wechseln oder verbissen an den vertrauten festhalten – die Wurzeln meiner Schwierigkeiten fangen erst an zu verdorren, wenn ich mir den großen Ruck gebe und mich von allen Überzeugungen trenne. Wir können uns dem Tao einzig durch die Bereitschaft zum Nichtwissen nähern. Es wird immer das Unbekannte, Unermessliche bleiben, das sich jedem Zugriff entzieht. Eine solche Forderung widerstrebt ganz und gar den Reflexen unserer Erfahrung, und darum ist sie so neu und frisch. Das Alte, Gewohnte, Abgestandene hilft uns nicht weiter. Nicht bei unseren Fragen über das Sein. Wenn Sie allen Überzeugungen, allen Ihren Gewissheiten und gewachsenen Vorurteilen ade gesagt haben, kann diese Erleuchtungserfahrung geschehen. Weil Sie dann in Ihrem Innern für ein Vakuum gesorgt haben, für den freien Raum, in den das Neue einkehren kann. Dann sind Sie bereit für das Tao, dann bewegt sich von innen her etwas auf Sie zu, für das Sie keine einzige Überzeugung, keinen Glauben und keine Meinung brauchen. Wer ein einziges Mal, und sei es nur für Sekunden, von diesem Unbeschreiblichen berührt wurde, hat keine Fragen mehr, weil er auf geheimnisvolle Weise bei sich selbst angekommen ist.

Wie würde nun das Leben eines Menschen aussehen, der dem Tao folgt? Chuang tzu beschreibt es am Beispiel des Wesenhaften:

Der Wesenhafte lebt zu Hause, ohne seinen Geist zu üben, und vollbringt Taten, ohne sich darum zu sorgen. Die Begriffe von Gut und Böse, Lob und Tadel anderer fechten ihn nicht an. Wenn sich innerhalb der vier Meere alle Menschen freuen können, empfindet er es als Glück; wenn alle Menschen wohl versorgt sind, fühlt er es als Friede. Bekümmerten Ausdrucks sieht er aus wie ein Kleinkind, das die Mutter verloren hat; töricht scheinend, geht er umher wie einer, der den Weg verloren hat. Er hat viel Geld zum Ausgeben und weiß nicht, woher es stammt. Er isst und trinkt gerade genug und weiß nicht, wo sein Essen herkommt. Solcherart ist das Benehmen eines wesenhaften Menschen.[27]

Der zweitausend Jahre alte Text Chuang tzus erscheint uns heute, so hübsch er klingt, reichlich versponnen. In Zeiten von gefährdeten Arbeitsplätzen, Geldmangel, Schulden, Firmenpleiten, Rentenkürzungen, Hartz IV und zunehmender Armut bis zur Obdachlosigkeit ist in unseren Breiten ein Dasein im Stil von Kaliforniens Cadillac-People, den Hippies an den klimamilden Gestaden des Pazifiks, kaum vorstellbar. Nichtsdestoweniger haben auch in unserer Zeit bedeutende Denker darüber reflektiert, ob ein Mensch, der die Prinzipien der Ganzheit und seine Identität mit dem schöpferischen Grund verstanden hat, es denn nötig hätte, mehr als sein halbes Leben lang Sklavenarbeit zum Nutzen und der Bereicherung einiger weniger zu verrichten. Und das bedeutet nicht Freiheit von jeglicher Aufgabe. Ein erfülltes Leben ist aktiv und produktiv, aber es ist auch ein Leben ohne Zwänge und Existenzängste. Kein geistig gesunder Mensch wünscht sich, seine Tage allein mit Müßiggang auszufüllen. Ich erlebe oft, wenn aus unserem Bekanntenkreis jemand in Rente geht, insbesondere wenn der Schritt vor der Zeit und nicht ganz freiwillig geschieht, welche Probleme die plötzlich fehlende Arbeit auslösen kann. Andererseits müssen heute viele Menschen eine Tätigkeit verrichten, die ihnen überhaupt nicht liegt – ich kenne etliche Leute, die mit Mitte dreißig bereits wie ein Zuchthäusler jedes Jahr abstreichen, das sie weniger in der Fron verbringen müssen. Doch mit einem so motivierten Blick auf das Rentenalter strebt man auf ein fernes Ziel zu, das viele der Betroffenen durch den Abbruch der über Jahrzehnte gewohnten Routinen in tiefe Krisen stürzt. Und schweift der Blick noch ein Stück weiter voraus, wartet in der Ferne der Tod. Und jetzt frage ich Sie: Wie viel ist ein solches Leben denn wert? Ist es das Schicksal des Menschen, seit den Pharaonen immer nur Diener zu sein? Gut, die große Masse der Menschen wird es so lange bleiben, wie sie nicht zur Besinnung kommt und die Dinge ein einziges Mal intelligent und richtig in die

27 Lin Yutang, *Die Weisheit des Laotse*, S. 100

Hand nimmt. (Bekanntlich sind alle bisherigen Versuche dadurch gescheitert, dass Massenbewegungen nur andere Pharaonen fanden, die sich auf ihre Art bereicherten.) Den intelligenten Anfang kann einzig das Individuum vollbringen. Nicht die Masse, allein Sie als Einzelmensch sind imstande, etwas an Ihrem Los zu verändern. Es gibt Mittel und Wege für einen Wandel, und das Ziel dieses Wandels führt – aller Absonderlichkeit zum Trotz – eindeutig in die Richtung von Chuang tzus wesenhaftem Menschen.

Es ist nur menschlich, dass Sie jetzt fragen, wie man zu der Unbekümmertheit von Chuang tzus Wesenhaftem gelangt (den Laotse *Schong Jeng*, was *Der Berufene* heißt, genannt hat). Ich habe im Verlauf der vorausgegangenen Kapitel versucht, deutliche Hinweise zu geben, ohne dass sie in plumpe Belehrungen ausgeartet wären, weil Sie letztlich nur das Ihr Eigen nennen sollten, was Sie selbst herausgefunden haben. Was hielten Sie davon, wenn Sie, ehe Sie weiterlesen, ein Blatt Papier nehmen würden und niederschrieben, was nach dem Stand Ihrer augenblicklichen Erkenntnis dazu dient, in ein Leben einzusteigen, das alle die positiven Merkmale von Chuang tzus wesenhaftem Menschen aufweist? Ich wiederhole nachstehend, was bereits gesagt wurde, aber es wäre von Vorteil, wenn Sie bei der weiteren Lektüre dieses Absatzes vor dem Lesen bereits wüssten, was da geschrieben steht. Und ich verstehe, dass Sie am liebsten Garantien dafür hätten, dass die Prinzipien einer taoistischen Lebensweise auch wirklich die beschriebenen positiven Wirkungen haben. Natürlich haben sie diese, und ich mache hier noch nicht einmal rückversichernd die Einschränkung, dass ein Misslingen gegebenenfalls Ihre Schuld wäre, weil Sie zu viele Sachen falsch angegangen sind. Wenn Sie die Finger von allen Ihren bisherigen Aktivitäten des Glaubens, Wissens, Entscheidens und Handelns lassen, wenn Sie also *in dieser Beziehung* einfach NICHTS tun – dann gibt es auch nichts, was Sie falsch machen könnten, und Gelingen ist eine unausweichliche Folge dieser Geisteshaltung. Machen Sie sich bewusst, dass Ihr Geist der Spiegel des Tao ist. In der reinen, von keinen Motiven beeinflussten Reflexion gibt es vor der spontanen Tat keinen dazwischentretenden Moment der Überlegung oder der

Analyse mit den Mitteln des Intellekts. Diese Reflexion ist wie ein Lichtblitz, und sie benötigt keinen Zeitablauf, sie ist unmittelbar, ohne Absicht. Sie lässt weder Hypothese noch Schlussfolgerung zu. Sie ist Nichtaktion, die unvermittelt Aktion hervortreten lässt. Ihrer Wahrnehmung der Realität, wie sie sich Ihnen jetzt offenbart, wohnt die Zauberkraft von TE inne, der Energie des Lebens, das aus dem Tao strömt. Was Ihnen im täglichen Leben begegnet, im Beruf, in der Liebe und überall sonst, löst allein dadurch, dass Sie dieser Vorgänge gewahr werden, Veränderungen aus. Sie brauchen hinfort für ein harmonisches, beglückendes Leben keinen Satz Motive mehr, die Sie vorantreiben wie ein Raketenaggregat. Und Sie haben begriffen, dass all Ihr Wissen Asche von gestern ist. Sie vertrauen weiterhin Ihrem Verstand, wenn es um technische Fertigkeiten geht, wie Auto fahren oder den Computer bedienen. Aber in Sachen der Psyche gestatten Sie ihm keine Einmischung mehr. Der Wesenhafte ist darum wesenhaft, weil er sein von Motiven zusammengehaltenes Ich durchschaut und es mitsamt den abgenutzten Werkzeugen der Analyse und des Vergleichens in die zweite Liga verbannt hat.

Wer sich dem Nichthandeln verschreibt und den Weg des Tao geht, wird künftig nicht vollkommen sein. Und – dies sei vermerkt – auch spontane Entscheidungen müssen nicht immer und unbedingt richtig ausfallen. Dies dürfte eine Ihrer Hauptsorgen sein, wenn Sie mit sich zu Rate gehen, ob es denn nicht zu riskant wäre, sich den Regungen anzuvertrauen, die sich bei Herausforderungen in Ihnen rühren. Entscheidungen, die der Energie von TE entspringen, geschehen in Harmonie mit dem Lauf der Dinge. Sie entstehen im Jetzt und unterliegen nur bedingt den Kausalgesetzen. Ich will es erklären: Vergleichen wir die in der Gegenwart enthaltenen Möglichkeiten von Ereignissen mit einem Stapel Spielkarten. Da es beinahe zahllose Möglichkeiten gibt, dass Dinge geschehen, würde ein ordentlicher Berg Spielkarten entstehen, alle mit der Rückseite nach oben gekehrt, und auf der Bildseite würde stehen, worauf sie sich beziehen. Da könnte zu lesen sein: *Die Sonne geht auf, die Regierung tritt zurück, es schneit, Edgar stiehlt der Großmutter fünf Euro,*

Herr Hamacher setzt sich gegen seinen Chef durch. Es sind Karten dabei, deren Wahrscheinlichkeit groß ist, dass die darauf notierten Ereignisse stattfinden, und diese liegen weit oben im Stapel. Andere hingegen mit geringeren Chancen, überhaupt zu geschehen, befinden sich weiter unten oder ganz am Boden des Kartenberges. Mit einer spontanen Entscheidung versetzen Sie diesem Berg symbolisch einen Tritt, weil Sie durch Ihr Handeln eine Bewegung auslösen. Und selbst wenn Ihre Entscheidung vom Verstand her gesehen unlogisch oder gar total falsch wäre, ist es wahrscheinlich, dass Sie damit vom Bodensatz der Tendenzen etwas lostreten, das sonst nie geschehen wäre. Wenn TE Ihr Handeln bestimmt, findet Schöpfung statt.

Der Philosoph Ralph Waldo Emerson[28] bringt unser Streben auf den Punkt:

Das eine, was wir mit unstillbarem Verlangen suchen, ist, uns selbst zu vergessen, aus der Bahn unserer Gewohnheiten herausgeworfen zu werden, unser immerwährendes Gedächtnis loszuwerden und etwas zu tun, ohne zu wissen, wie und warum.

Mit dem Ablegen der alten, natürlich gewachsenen Verhaltens- und Denkmuster verändern sich Ihre Gehirnzellen. Die Zellverbände, die bisher unter dem Modus der Trennung operierten, beginnen zu verkümmern. Mit dem Verschwinden Ihres angestrengten, motivierten Handelns wird Ihr Gehirn die Yu-wei-Reflexe in der gleichen Weise abbauen, wie dies auch mit anderen, selten benutzten Routinen geschieht. Aus der neuen Dimension eines ganzheitlichen Denkens, das sich nicht mehr zwanghaft und kontinuierlich von seinen Erfahrungen abtrennt, werden neue Zellverbände wachsen. Die Flamme Ihrer Leidenschaft für das Leben wird brennen, lodern und alles verzehren, was vom alten zwanghaften Trieb, von der sinnentfremdeten Jagd nach dem Glück noch übrig geblieben ist.

28 Ralph Waldo Emerson, *Essays (Kreise)*, S. 248

Die Einsamkeit des Puppenspielers

Eine philosophische Phantasie

Dass ich mit Ideen für ein Puppentheater spielte, hat vielleicht etwas mit Einsamkeit zu tun. Ich war von jeher voller Ideen und im Grunde gerne für mich, ohne dass Alleinsein mir etwas ausgemacht hätte. Dennoch stahl sich immer öfter ein Bedürfnis nach Gesellschaft ein, und eines Tages reizte mich der Gedanke an eine Marionettenbühne so stark, dass ich anfing, nach und nach Puppen in allen nur denkbaren Gestalten anzufertigen. Sie hingen alle an Schnüren, unsichtbar untereinander und mit mir vernetzt. Ich versetzte mich in meine Figuren hinein, sodass ich aus ihnen heraus die auf dem Programm stehenden Bühnenstücke erlebte. Ich stattete die Puppen mit der Zeit mit immer mehr Fähigkeiten aus, ich dachte Gedanken in ihren Köpfen, und meine Gefühle fühlte ich in ihren Gestalten. Sie waren nicht besonders haltbar, die Puppen, dafür fertigte ich immer wieder neue an, andere, verbesserte Modelle. Ich erfand eine Technik, die meine Figuren befähigte, sich selbst zu reproduzieren, und zwar jeweils entsprechend dem Originalentwurf. Ich versenkte mich im Geist in sie hinein und empfand so die Szenen auf der Puppenbühne, als ob ich sie selbst erlebte. Es brachen Phasen an, wo ich, leidenschaftlich in mein größer werdendes Spiel vertieft, immer deutlicher den Eindruck gewann, nicht der Erfinder des Theaters, sondern seine Puppen zu sein. Es war wohl unvermeidbar, dass das Personal meines Puppentheaters, meine ureigenste, verwirklichte Idee, sich emanzipierte. Meine Puppen entwickelten zunehmend starke subjektive Bewusstseinszustände; sie konnten unabhängig voneinander und anscheinend auch unabhängig von mir denken, sie erfanden den freien Willen, schufen sich Götter und Religionen, gaben sich Gesetze mit Belohnungen und Strafen und träumten vom ewigen Leben jenseits der Zeit – die eigentlich nur für dieses Spiel erfunden war und sonst nirgends existierte. Im Puppentheater nahm der Überbau irrationaler Vorstellungen ein solches Maß an, dass Glück zur Mangelware und das inzwischen erfundene Geld zum Hauptinhalt aller Spiele wurde. Ich wusste, dass ihr Fühlen und Denken nach wie vor mein Fühlen und Denken war, auch ihr Bewusstsein war original das meine. Aber unter meinen Figuren erhoben sich Stimmen, die alle Tatsachen verleugneten, und ich überlegte, ob ich versuchen sollte, die Geschichte wieder in den Griff zu bekommen, indem ich ihnen einige der Fähigkeiten, die sich bei ihnen selbstorganisierend gebildet hatten, wieder nahm. Als Alternative blieb, dieses Theater zu schließen und noch einmal neu anzufangen, vielleicht irgendwo anders. Dann taten mir meine Puppen doch Leid, ich sagte mir, schließlich bist immer noch DU das eigentliche, lebendige Wesen, das aus diesen Figuren heraus sein aus dem Ruder gelaufenes Theater spielt. Ich beschloss, den Dingen ihren Lauf zu lassen. In verzweifelten Situationen rufen meine abtrünnigen Puppen höhere Mächte um Hilfe an. Sie wenden sich an ihre erfundenen Götter, damit diese eingreifen und reparieren sollen, was die Puppen in ihrer Ignoranz angerichtet haben. Die Magie meines eigenen Ich, das mit ihrem Ich identisch ist und das ihnen helfen könnte, verleugnen sie. Mir bleibt nur die unendliche Langmut, die dem vom Schicksal Gebeutelten zuraunt: Erinnere dich, dass du ich bist, dann wirst du deine Probleme leicht lösen.

Finden Sie, die Sie das lesen, nicht auch, dass alles kompliziert klingt? Dass ich vielleicht gut daran täte, den Marionettenladen zu schließen, ehe weiteres Unheil passiert? Ich werde nichts dergleichen tun. Ich bin im Gegenteil neugierig, ob es mir nicht doch in der einen oder anderen Puppe gelingt, zu mir selbst und dem anfänglichen Spiel zurückzufinden, wo meine Figuren und ich noch nicht durch die gewaltige Kluft ihrer kontroversen Überzeugungen voneinander getrennt waren. Zumal es ja in meiner ursprünglichen Idee, als es die Trennung noch nicht gab, zum Spiel gehörte, sie über ihre Rolle im Unklaren zu lassen. Ich warte ab, ob jemand zur Besinnung kommt. Ansätze, die hoffen lassen, sind vorhanden, und wenn es gelingt – Freunde sind immer willkommen, gleich, in welcher Position man sich befindet. Apropos man: Hatten Sie beim Lesen das Gefühl, ein männliches Wesen spreche zu Ihnen? Könnte es nicht auch ein weibliches sein?

Literatur

Derrida, Jacques: Gesetzeskraft. Der mystische Grund der Autorität. Frankfurt/M 1991, Suhrkamp
Emerson, Ralph Waldo: Essays. Zürich 2003, Diogenes
Fischer, Theo: Tendenzen des Wachstums. Neuwied 2003, Silberschnur
Freud, Sigmund: Das Unbehagen in der Kultur. Frankfurt/M 1953, Fischer
Fromm, Erich: Die Kunst des Liebens. Berlin 2005, Ullstein
Fromm, Erich: Haben oder Sein. München 2005, dtv
Fromm, Erich: Von der Kunst des Zuhörens. Berlin 2005, Ullstein
Hesse, Hermann: Klein und Wagner. Frankfurt/M 1973, Suhrkamp
Hughes, Richard: Ein Sturmwind auf Jamaika. Frankfurt/M 1973, Suhrkamp
Hui-kai: Wu-men. Zutritt nur durch die Wand. Heidelberg 1977, Lambert Schneider
Kropotkin, Peter: Der Anarchismus. 2005, Trotzdem Verlag
Laotse: Tao te king. Das Buch vom Sinn und Leben. München 1974, Diederichs
Lin Yutang: Die Weisheit des Laotse. Frankfurt/M, Fischer
Meister Eckhart: Deutsche Predigten und Traktate. Zürich 1993, Diogenes
Safranski, Rüdiger: Das Böse. Oder das Drama der Freiheit. Frankfurt/M 1999, Fischer
Sloterdijk, Peter: Kritik der zynischen Vernunft. Frankfurt/M 1987, Suhrkamp
Suzuki, D. T.: Der westliche und der östliche Weg. Berlin 2002, Ullstein
Watts, Alan: Der Lauf des Wassers. Frankfurt/M 2003, Insel
Watts, Alan: Zeit zu leben. München 1988, Heyne

Der Autor hält in seinem Haus in Piemont (Norditalien) Wochenendseminare ab.

Info: Theo Fischer
Cascina la Costa
I – 12060 Murazzano (CN)

Tel./Fax: 0039-0173/791100
e-mail: theofischer@libero.it
www.tonundtao.de

Infos über TagundTao, der Monatszeitschrift des Autors zur Lebenskunst des Tao, finden Sie gleichfalls unter www.tonundtao.de